AQUARIUS

AQUARIUS

AQUARIUS

AQUARIUS

Vision

一些人物，
一些視野，
一些觀點，
與一個全新的遠景！

李崇建談 冰山之渴望

（下）

李崇建著／王又翎繪

幸福的奧義

來自各方的好評與推薦

丁敘辰（沐洋心理學院創辦人）

從小確診過動症的我，與它對抗二十多年，一直到接觸崇建老師之後，才從薩提爾與冰山脈絡，接納自己與愛自己，看到過動症所帶給我的天賦。從老師的書中可以學習到如何與孩子建立連結，同時從文字中也療癒了曾經也是孩子的自己，十分推薦崇建老師的書！

方華玲（Shirley Fan）（溫哥華Major Space創辦人）

了解自己，從進入冰山開始。接觸冰山理論，源於想知道「我是誰？」。對於我來說，水面部分的冰山好理解，但水下面的冰山太複雜，我學得雲裡霧裡的，不得要領。直到我看了阿建老師的《薩提爾的對話練習》，通俗易懂，深入淺出的示範，讓我撥開雲霧，茅塞頓開。阿建老

師的新書《李崇建談冰山之渴望——幸福的奧義》，相信會讓渴望幸福的人夢想成真。

田園（新加坡三度成長對話帶領者、新加坡前教育部華文教師）

看崇建老師的《李崇建談冰山之渴望——幸福的奧義》，我想起參與老師的工作坊時，自己的頓悟和豁然開朗，如一股清涼的風，穿透自己的身體，領悟了對話的方向。

我曾在新加坡工作坊問崇建老師：「我怎麼知道我的對話是完整的？」崇建老師說：「當對話連接到對方的渴望，這就是一個完整的冰山對話。」這本書，就是幫助我們讓對話推向完整，更仔細、更清晰地解釋與呈現。

任珊（大山）（重慶和悅小屋家庭教育與心理諮詢中心負責人）

我在崇建老師的工作坊中，對「以人為本」真正有了深刻的體驗與理解。老師在人的內在冰山與歷程中，好奇的對話令人讚嘆！本書則聚焦於冰山之渴望，更深入而細膩地，帶領我們更好地獲得幸福感，並能自助助人。

吳麗華（Linda）〔美國PCE（Parents and Children Education Club）副會長〕

我來自紐約，有兩個孩子。老大有亞斯伯格症，內向而敏感，不善交流。之前學過不少子女教育的書，但是一直就是在他外面打轉，走不進他的心。接觸崇建老師的課以後，慢慢看到孩子孤僻怪誕的行為下面，是一顆豐富而敏感的心。雖然無法很快走近，我開始模仿崇建老師給孩子寫信，至今已近一年。信中表達我們對他的關懷與愛；他和我們一起做各種飯菜，我們多麼開心；他教我們玩遊戲，不嫌棄我們的笨拙，多麼有耐心；他去參加為窮人做飯的活動，早上六點就起來煎餃子，多麼有愛心。慢慢地，孩子愈來愈敞開。這也讓我深深看到連結渴望之後，生命慢慢綻放的力量。

肖琳（南加大神經科學系博士、多倫多大學生物系行政助理、加拿大經典文化教育基金會理事）

認識崇建老師，是在TED上的演講，後來上崇建老師的線上課，理解幸福圓滿的狀態，即是連結渴望層次，感受宇宙萬物渾然一體，充滿源源不竭愛的能量，以及生命力的狀態。本書就是專門講渴望層次，相信可以幫助人，無論是個人的成長，還是各種關係的連結。

李境展（新加坡商鈦坦科技總經理）

我在崇建老師的工作坊中，對「以人為本」真正有了深刻的體驗與理解。老師在人的內在冰山與歷程中，好奇的對話令人讚嘆！本書則聚焦於冰山之渴望，更深入而細膩地，帶領我們更好地獲得幸福感，並能自助助人。

李詩琪（藝樹村人本幼兒學園園長、藝樹村生活學習空間執行長）

二〇一五年開始在柔佛巴魯承辦阿建老師的「冰山工作坊」，在辦理工作坊的同時，一邊反覆聽老師分享「薩提爾」。這幾年的學習，最大的收穫就是，逐漸有了「自我覺察」的能力。情緒出現時，若有一分「覺察」，就能更好地將自己的心安頓好，再繼續處理事情，讓我在教養和教育工作的路上，能和孩子有更好的連結，也更懂得如何陪伴成長中的孩子。

這本書除了覺察，也深化了人的渴望連結，對於遠在柔佛巴魯的朋友們來說，這像是一個「充電飽」（行動電源），大家像是充飽了電力，帶著老師給予的溫暖、能量和愛，繼續向前行！

李昆霖（腦闆）（佐見啦生技公司董事長）

因為資訊透明流通，現在的時代，當父母不容易。一個不小心用了說教的方式，就會讓小孩躲在網路社群中跟同溫層取暖，以逃避父母。

我們都會用舊有父母的教育方式，來教育自己的下一代，因為那是我們從小到大成長的模式，是我們唯一可以學習的借鏡。我很幸運接觸了李崇建老師的工作坊，他讓我發現，原來親子之間的溝通方式有新的可能。

我媽從小教我的是，在學校如果被欺負、被打了，就一定要打回去，而且絕對不能打輸，打輸了就不准回家。於是在我很小的時候，就被灌輸不准認輸的思想，如果要打架就一定要打贏。這樣雖能培養起所謂社會讚賞的「堅毅」的美德，但同時也讓我心中底層充滿了憎恨易怒的習性，日後要花很多心力才能淨化這股暴戾之氣。

如今，我成了父親，希望能用更有愛的方式教育我的小孩，去克服在學校被霸凌的困境。從崇建老師身上我真的學到了許多，這本書有大量的對話範例讓我看了拍案叫好，我都有應用在跟兒女的對話，也因此跟孩子們的感情更好了。甚至，因為崇建老師的影響，讓我反思在親子關係中是否能做得更好，於是我在去年底停止工作四十天，也讓兒子停課四十天，我們父子二人展開了四十天徒步環島之旅。那真是一趟永生難忘的父子之旅，我讓兒子感受到來自父親的愛，讓他覺得自己是值得被愛、是有價值的。他回到學校後，功課突飛猛進，專注力變好，變得對自己更有自信，真是不可思議的轉變。

就像崇建老師在書中說的，自我價值被肯定後，只要他想要，自然會取得成功。我很慶幸自己因為受到崇建老師的影響，提醒自己專注活在當下、跟孩子們連結，讓我的孩子們可以有一個被愛的童年，讓他們能在日後好好地成長為可以自我肯定的大人。

這世界不缺乏道理，也不缺乏知識，而是缺乏如何跟自己連結的方法。要先學會了解自己的冰山，先照顧好自己，才能照顧好他人。這是一本教你如何關懷人，讓人變得更好的書，我從中獲益良多，希望你也可以。

沈邵蘭（六月初一股份有限公司執行長）

經由崇建習得薩提爾六年，影響最深為覺察，以及一致性的溝通。人與人的情緒往往各自闡

述，無法交流底層的渴望，導致心靈受苦。若不能覺察自己與他人的情緒，便容易產生溝通障礙。若能透過薩提爾體會美好的情感交流，更能展現真實的自己，便能得到幸福。

林敏祺（馬來西亞薩提爾全人發展協會主席暨全體同仁）

阿建老師於二〇一五年第一次來馬來西亞的薩提爾協會帶課，一直到今天，帶給我們最大的感動，是他活出愛人愛己的渴望。老師以一致性的溝通啟動我們對自己的覺知，連結彼此愛的能量，為全馬各地在親子教養與自我成長道路上的人們，點燃了一盞導航燈。

林瓊蘭（馬來西亞耕讀軒創辦人）

崇建曾為耕讀軒開幕，進行耕讀軒第一場演講，那是特別的經驗。崇建來馬來西亞時摔斷腿，我未能及時接到來電，他忍著劇痛上飛機赴約，完成一星期的行程。回想當時整個過程，講台上他談笑風生，看不出大腿骨裂了。許多參與的學員，不但對崇建老師好奇，也對他推廣的薩提爾模式好奇：是什麼能為人帶來這麼大的生命力？我想，崇建已將薩提爾模式內化至生命深處。這書談的是內在渴望，相信會帶給很多人啟發，並且受用無窮。

林裕丞（台灣敏捷協會創會理事長、《敏捷管理生存指南》作者）

不把情緒帶入工作，是專業的表現。

這是我多年前的信念，彷彿專業就要像是理智的機器人。數年前我遇到了敏捷管理，才開始接納情緒的存在，但遇到激烈的哭泣和暴怒時，我除了靜靜地陪伴，沒有其他的辦法。有幸參與阿建老師的工作坊，學習到可以用好奇提問、切入感受、探索冰山等等的方法，讓情緒能量得以流動，也讓我自己在工作上感覺更像一個完整的人，不再是冷冰冰的機器。閱讀《李崇建談冰山之渴望》就像是重溫工作坊中溫暖的體驗，我特別喜歡「經由表達，連結彼此的渴望」一章中的對話案例，阿建老師不但完整地列出對話內容，也說明當時的心路歷程，值得慢慢品味。推薦《李崇建談冰山之渴望》給所有充滿愛、感受愛、帶來愛給周遭的朋友。

林學晴（台北高等行政法院法官、前台中地方法院少年法庭法官）

法律人給人愛講道理的印象，超理智的應對看似能解決事情，卻往往忽略他人、忽略自己，最後流於在情境中爭辯說理。因緣際會跟著崇建老師學習對話與溝通，看見人的行為在冰山深層的脈絡，透過調整應對姿態的對話模式，連結了自己的內在，也連結了他人的價值與渴望，讓我在工作上因為豐富的眼光而靠近了年輕徬徨的非行少年，與家人的關係也因為一致性的表達而變得更和諧無礙。

本書集結了助人成長與幸福的關鍵，以及許多學習者的轉變，邀請您與我一起看見。

林志明（福智義工）

學習薩提爾的冰山對話，原是想找尋心理學與佛法相通的助人之處。參加阿建老師工作坊，卻驚豔於他自在的心，助人探索內在的渴望。阿建老師將實務經驗與他的深刻體會寫成書，帶領讀者透過表達連結自我，實屬珍貴與難得，值得反覆閱讀，細細體會。

林辰晞（仔仔）（演員、藝術家）

在學習行走冰山時，我體驗到「渴望」，就像是清澈透明的湖泊，充滿愛與自由，溫暖接納。湖泊反射出的天空、星辰、月光，像是豐盈的感受，蘊涵著不同層次的力量及更多可能。在抵達渴望之前經歷的種種，我們是否願意看見其中的禮物？一起搭上這艘船，跟著阿建船長一起出發吧！每一個面貌中的我們，都是真實且美好的。無限地祝福阿建以及讀者自由、喜悅。

林宜臻（Roxy）（「薩提爾生命滋養」發起人）

原來「正向好奇」不需要答案，答案根本不是重點。「正向好奇」會讓對話者停頓，得到間隙專注自己與辨識自己，貼近而深刻地感受底蘊的生命之流。連結渴望的瞬間，注入了高能量的意識，幸福感就這樣豐盈而通透。

阿禧（See）（IAM個案執行師）

中立臨在，全然傾聽與接納，只是如此，便能創造出療癒的空間。所謂療癒，是協助人們認識自己，看見內在無意識的結構，透過自我接納連結生命力，體現內在和諧與愛的本質。這是崇建與他極力推廣的冰山，因他，我清晰地看見生命可以全然自由。

洪芬郁（Candy）（雨果幼兒園負責人）

「Candy老師，你一定是一個生活幸福的人，才有那麼大的愛心，去照顧別人家的孩子！」Leo的奶奶如是說。

「是這樣嗎？我幸福嗎？」從小，身為家中五個小孩中的第三個女兒，總以為自己的出生，是為了下面的弟弟、是多餘的，才會造成家裡的負擔。

雖然爸爸媽媽都說：「五根手指頭，咬哪一根，都疼！」但看著父母為撫養五個兄弟姊妹，從早忙到半夜，在那個重男輕女的年代，我就自我期許：「一定要努力用功，證明給別人看：女生也能光耀門楣的。」

二〇一九年的十月，崇建老師在工作坊上，帶大家一起冥想「父親」。正值七月底剛失去父親，我不覺淚流滿面。坐在爸爸的腳踏車後座，吃著剛從蒜頭糖廠買來的紅豆冰棒；爸爸因為擔心我洗澡摔倒，而出現在門禁森嚴的大一新生宿舍門口的笑容；潔癖的爸爸發現我偷偷讓狗狗睡在被窩裡禦寒時的微笑……一幕幕的畫面滑過淚濕的眼簾，那一刻，我驚覺：「天啊！

我是被愛的，我是父母的寶貝，我不是多餘的！」頓時覺得沉重的肩膀，輕了。崇建老師說，渴望層次以下，每個人都一樣，想要被愛、被接納，感受到價值與自由；面臨挫折時，可以調動「愛」的資源。原來，外表堅強的我可以獨立面對種種的挑戰，支撐自己的，即是從小父母給予的愛與接納。無關家境的「富」與「貧」，我是幸福的！

所以，大人必須幫孩子從小建立「愛」的資源。是天性也是本然，孩子是被動的、沒有選擇權的，一切操之在大人的手中。而這些大人，除了爸爸、媽媽、兄弟姊妹，還有「老師」。特別是孩子們學涯的第一位啟蒙老師：幼兒園老師。身為幼兒園的負責人，除了當初的「父母心」、「愛小孩」之外，更要協助老師們連結自己的渴望、安定內在，才能有穩定的熱情去愛小孩，建立孩子渴望層次的資源。

秦戈（浙江金華「李崇建對話與自我覺察」社團帶領者）

崇建老師對我的生命、我的家庭影響巨大。影響我的對話與成為一個人。

薩提爾女士說：「善良和真誠一致，先於一切治療方法。」

薩提爾的對話，有深刻的魅力，崇建老師的對話亦如此。親見崇建老師對話的夥伴，都會驚豔於他的對話，如庖丁解牛般的深刻、順遂，而感到意猶未盡。這應是對話者如本書所呈現：連結了自己的渴望，進而連結了他人的渴望。

徐承庚（NLP訓練師暨沐洋心理學院創辦人）

鮮少人知道NLP（神經語言程式學）的原形是從薩提爾模式發展出來的，在阿建老師的工作坊及書籍裡，承庚在教學及親子教養上，都獲得莫大的幫助。阿建老師的這本書，讓冰山深處撥雲見日，更讓世人容易明瞭。

曹敬唯（中國生命關懷協會心理健康專業委員會祕書長、西安家和愛心理諮詢管理有限公司創始人）

二〇一二年偶遇《給長耳兔的36封信》，翻山越嶺終於找到崇建。崇建在西安舉辦多場大型講座與對話課程，尤其在全球薩提爾大會的精采演講，為眾人留下了深刻、睿智、實用的印象。如今出版《李崇建談冰山之渴望》一書，照亮溝通與教養的管道，我想把這本書送給我認識的每一個人。

陳郁菁（**Kate Chen**）（美國舞象基金會課程組組長、薩提爾模式個人成長與親職教育助人工作者）

閱讀本書和青少年的對話，我彷彿看到當年的自己，有很多的觸動。我曾在成長的路上迷失方向，曾經多麼渴望有一個人，能夠了解我、接納我。閱讀這本書，我再一次陪伴當年的我。透過探索內在的冰山，我慢慢和自己靠近，愈能接納也欣賞多樣貌的自己。

推薦所有愛孩子的父母，以及教育工作者，這本書讓我們療癒自己的同時，也為孩子給出理

解、接納與愛，如同在黑夜迷途點亮一盞暖燈。

陳盈君（諮商心理師、左西人文空間創辦人）

與自我連結、與渴望連結，是心理助人工作中最關切的，更是對話過程中的重要核心。我們一輩子都在尋找一個途徑，而與自己連結的方式，不是向外尋找，而是內在探尋。走入自己的冰山底層，在渴望層次進行工作，感受到自我價值、被接納，與愛連結，感受到自己是被愛的、有生命力的、擁有選擇的自由。阿建老師的文字溫暖又深刻地感動我，每一個問話，都再次帶領我的心流動著，回到與自己連結之境！

陳嘉珍（賽斯基金會教育長）

愛自己、連結渴望，是多麼深刻的內心狀態。經歷重重考驗後的人生，我最渴望連結的是：單純的愛。卸載多餘成分，當下即是的直觀體驗。拜讀阿建老師這本冰山實踐的新書，心中共鳴不已的就是他面對案例時所震盪出來的，單純的愛的能量，讓我們得以進入內在，療癒彼此。

陳志恆（諮商心理師、作家）

有人說，心理晤談像是帶著一個問題去找助人者，卻帶著更多問題回來。我很同意。對話不是用來解決問題的，而是透過一個又一個深刻的提問，引領對方覺察與連結自我，問題自然就不是問題。每回讀阿建老師的作品，都能引發我深刻的反思，字裡行間似有一種包容一切的力量，令人多打開自己一些，多接納自己一點。閱讀這本新作亦然，除了對冰山各層次有更多的理解，同時，更看見連結渴望時所帶來的生命力量。

楊惠如（台東寶桑國中教師）

認識崇建已經十個年頭，猶記那是個陽光耀眼的午後，崇建與被稱為四大天王的學生談話，讓我有個機會，重新看待這群學生。平時老是闖禍、不受教的孩子，與崇建展開一場精采的對話，我才發現：孩子們調皮的背後，充滿了觀察力與創造力。

兩年後，其中一個孩子還是中輟了。當孩子回到班上卻無法跟上進度，我請他去書櫃找本書看，孩子挑了《給長耳兔的36封信》，我問孩子怎麼會挑選這本書呢？孩子才告訴我，崇建要了他們的地址，一人送了他們一本書。這讓我體驗到：在孩子們的心中落下一顆美好的種子，總會有發芽的一天。

時至今日，因為學習，讓我面對生命痛苦的孩子時，有機會用全然不同的眼光看待他們，深深感受這些孩子的不容易；孩子犯錯時，也可以更穩定地接納。崇建的新書，將冰山的層次梳理得更加清晰，案例可以在練習時，提供模擬參考，從自助到助人，都可以透過刻意練習，更熟練地在冰山層次中悠遊。

溫美玉（溫老師備課Party創始人）

崇建全身心投入學習薩提爾，擁有了自己說了算的人生。他不斷透過各種形式引領個體尋找生命，故事生動精采亦迷人。怎麼讓薩提爾流動的問答、姿態、口吻、話語等，在日常中也能具體可行？崇建的《李崇建談冰山之渴望》縮短了學習的距離，讓真實自我的淬鍊更在眼前。

劉惠慈（新社國小志工媽媽）

在崇建老師這本書中，創造幸福與助人成長的實例操作，每一個步驟，脈絡清晰且清楚明瞭，透過探索做出改變，進而表達連結的渴望，讓愛流動。此刻的我心中充滿感激，一再翻閱，與愛同行，攜手陪伴孩子向前邁進。

蔡淇華（作家、台中市惠文高中圖書館主任）

用「愛」來「報復」創傷

我一直知道崇建是有故事的人，但看完這本書後，才知道他有那麼「創傷」等級的故事。崇建用一篇篇跌宕的生命故事，帶我們走一趟薩提爾冰山之旅；再用一則則驚心動魄的網路成癮、親子情結、師生衝突等案例，帶我們進入冰山成長歷程圖。他帶領我們從害怕、恐慌的「感受層次」，走到思考的「觀點層次」，最後走到冰山底層的「渴望層次」與「自我層次」。

李崇建談冰山之渴望

崇建很會說故事，故事的核心是人；人的核心，是渴望的連結。而連結的核心，是愛。我非常喜歡這本書，是崇建所有薩提爾書中，故事性最高，也最好看的一本。讀完這本書，我們真的能慢慢學會用「愛」，來「報復」所有的創傷。

魏瑋志（澤爸）（親職教育講師）

開啟我探索冰山之旅的那三天，永生難忘。

還記得是在崇建老師的工作坊，他邀請我上台，問了我一句：「你覺得老婆愛你嗎？」我想了想，肯定地說：「她是愛我的。」崇建老師又問：「她做了什麼事情，讓你認為她是愛你的呢？」我說：「在我生日的時候，老婆與我的孩子們一同準備了禮物。」在講述的過程中，崇建老師問著細節，也核對我的感受，不自覺地，我的眼眶泛紅了。

崇建老師覺察到了我的淚水，一陣停頓之後，帶著溫柔的聲線問道：「瑋志，你的眼淚是什麼？」我哽咽地說：「似乎有點忘了，我真的好愛好愛我的老婆。」

原來，崇建老師在帶領著我，體驗愛的過程。

回到家後的第一件事情，就是給老婆一個深深的擁抱。之後的幾天，老婆覺得我不一樣了，更懂得表達愛，夫妻的連結更加緊密了，一直延續到現在。

在周而復始的生活中，一天過著一天，而忽略掉「關愛、價值、理解、接納」才是我們內在的能量來源。

在如同當頭棒喝的點醒後，我也開始了自我對話，探索自己與家人的冰山，試著連結到彼此的渴望。這段過程中，可以感受到內心非常平靜，就像是此書中所寫的「幸福感」。謝謝崇建老師，帶領我認識了冰山。

羅鈞鴻（小虎）（知名講師、聲音教練）

人的內在力量，存在於「連結」裡，不僅是人與人的連結，也在於與自己的連結。我在阿建老師的文字中學到：開口表達，是為了與他人連結，而停頓，則是與自己連結。希望閱讀本書的你，也能透過表達，更好地「成為自己」。

羅怡君（親職溝通作家與講師）

崇建老師彷彿是時空旅者的嚮導，帶領每個人體驗屬於自己的冰山之旅；除了開路，也溫柔提醒旅者別掉入假性接納的陷阱，唯有誠實回溯才能體驗澄澈美好。這套書展現崇建老師穿梭冰山上下的各種路徑，我們能跟著崇建老師在不同情境、不同議題中學會連結渴望，冰山就是我們安定自己的修練場。

目錄

學習者的實踐與分享

目錄

第六章

幫助他人連結

對話的目標，是幫助對方與「渴望」連結

我學習薩提爾模式，在學校帶領孩子，常與孩子談話，跟孩子有很深的連結。

離開山中學校之後，到山下開辦作文班，成立了青少年協會，常需要跟父母、孩子與學生談話，也需要跟家長溝通，跟老師溝通理念，都運用此種對話模式，我也呈現於多本著作中。

在出版多本著作之後，以好奇對話的形式，已經為眾人所了解，而好奇對話的目標，就是幫助對方與自己深刻連結。透過對話的形式，幫助他人連結，內在就擁有力量。感覺上就有深刻的能量，願意為自己負責，為自己做適當的選擇。

本章展現的對話案例，我選擇了不同面向，但都是以進入渴望層次並產生連結為目標。讀者可以從不同的案例中，看見目標相同，但談話的方式有別。當孩子能與內在連結，就能活出自己的樣貌，外在問題也就解決了。

〈心靈如詩的男孩〉，是簡單的談話，可見「渴望」的連結於他人內在發生。此篇可看見何謂「體驗」，我並未探索太多事件，亦未談太多道理，短暫的對話如雲霧，看似飄渺無脈絡，事實上，脈絡就是理解他，核對他說不清的狀態。一旦被理解了，內在即有連結，外在煩擾就解決了。

〈從寫作文探索渴望層次〉，可見要解決問題，需了解問題如何發生，才能重新讓孩子體驗接納，逐漸長出力量。體驗被接納是一個目標，是渴望層次，因此所有的作為，包括爛作文、等待、對話與回饋，都是為「渴望」目標前進。當孩子體驗到接納，體驗到自己的價值感，體驗到自己決定的自由，體驗到了安全感與信任感，他的作文書寫就有意義感。寫不出作文的窘境，或者寫不好作文的困難，就全部迎刃而解了。

寫作文這篇，有助於設計課程的教師、想要改變孩子行為的父母，看見應對孩子的狀態，了解如何以渴望為軸心，一步一步幫助孩子連結自己。

〈網癮、割腕、拒學的女孩〉，與我過去的書寫相似，但是我將對話的脈絡，還有思維細節呈現，寫得比較繁複仔細，初學者大概不容易完全讀完，也不容易完全明白。不過，對於已經學了一段時間的學習者，閱讀上應無困難，可以看出對話的細節，是在什麼樣的思維下進行。

後面另附一篇〈小薇的冰山〉，詳解渴望層次的探索，也是較難理解的篇章。若是閱讀上感覺吃力，建議讀者先跳過去。

心靈如詩的男孩

分享會結束後，讀者們抱著書來到我前面簽名，我照例留下時間簽名，偶爾回答教育問題。

我瞥見一位女士，在隊伍的後方探頭，神色不安地張望。工作人員邀請她排隊，她搖搖手，表示不是要簽書。

當她看見我注意到她，急切地跑過來問：「老師，你可以跟我兒子說說話嗎？」

我搖搖頭，回答：「我已經不唔談了。」

「我兒子說他想見你。他說一定要見你，他已經來到這裡了。」女士手指著玻璃窗，裡面坐著一位男孩。

我的手並未停下來，再重複一次：「不過，我已經不晤談了。」

女士彎下腰來，蹲在我身邊說：「拜託你談一下子，只要五分鐘就好。他說一定要見你。」

女士突出「一定」兩個字，特別加了力道。

我刻意瞄向玻璃窗，男孩坐在棕色沙發上，頭上彷彿被烏雲籠罩，眉頭緊鎖，低著頭，雙手交錯插入腿隙，看得出坐立不安。

女士的說法與態度，很容易讓人反感，壓迫的感覺強大。

女士以孩子已來現場為由，還用上了「一定要」的字眼，讓我覺察那股威壓，我內在升起一絲反抗。

可能我過去有此經驗，被人以權威勉強做事，我內心潛藏著被「逼」的感覺。

在這樣的情況下，我常有反射動作，連詢問都不想問，堅持拒絕這種「邀請」。

這時，**我一邊覺察自己內在的狀態，還有外在的應對，亦即冰山的流動。如此，可以看見過去業力，看見自己應對的慣性**。

停頓了一會兒，我問：「他怎麼想見我呢？」

「他不去上學，每天在家裡睡覺——」媽媽說了孩子的現狀，只是說得細碎雜瑣，容易讓人分神不耐。

「他想見我做什麼呢？」我打斷媽媽的敘述，想要進一步確認。

「老師，你是他的偶像，他就是想見你。」媽媽近似討好地說。

這個見面的理由，無法驅動我改變。

「但我不是明星，也不是偶像呢！若是這樣的需求，我不會見他呢，真不好意思。」

「他還想要請教老師，他要怎麼做，才能去上學啦。」媽媽補充說明。

「是他想來找我，還是你希望他來呢？」我一邊簽書，一邊確認。

「是他自己想要來的，我都沒有干涉他。」媽媽拍拍胸口保證。

孩子不上學，每天在家睡覺，而他來找我的理由，是期待改變現狀——這引發了我的好奇心。因為孩子想要改變，表示也許短短一次談話，能為他帶來一些覺察。

「讓我考慮一下吧！」我說。因為後面的簽書者，也有問題想詢問。

與男孩對話

活動結束後，我決定和孩子談談。既然男孩想要談，而且人都已經來了，五分鐘對我並不長。

我從會場站起來，從走廊一端走去，透過大片玻璃窗，男孩神情一覽無遺，也愈來愈清楚了。男孩坐在沙發上，微微地扭動著身軀，對我而言那是不安。他正等待我的到來。那焦慮的神態，是因即將見我而緊張，還是其他原因而緊張？

十四歲的年紀，男孩坐著時顯得瘦弱，沙發似乎太大了。沙發旁有咖啡器具，有人正煮著咖啡，咖啡香氣四溢，是一種安然恬淡的味道，不知男孩是否有同感。

我坐下來介紹自己，並且問了男孩的名字。他臉皺起來，苦惱的表情掛滿臉，像揉掉的衛生紙。我的解讀是他在生悶氣。

媽媽急著說：「老師問你名字呀！跟老師——」

我打斷媽媽的介入。只有五分鐘談話，兩人談比較快速。若三人一起談話，會耗去更多時間。

男孩的焦慮感更盛了，他鼻腔呼出氣，聲音很清晰，但是他並未開口。

我停頓了好一會兒，媽媽幾度要說話，我都示意打住她。

沒等到他說名字，我先將見面的原因道出：「媽媽說你要見我呀？有嗎？」這是一個客觀的訊息，以此來與他取得連結。

男孩生氣地別過頭說：「哪有……」

媽媽又急著介入解釋：「有啊！你說——」

男孩很生氣的樣子，感覺跟母親即將大吵一架，眼看母子要進入爭執。若是我跟母子談話，正好可從他們母子的互動，見到在家庭裡面的樣貌。但我打斷了母親，不讓爭執擴大：「讓我來吧。」

男孩生起了悶氣，將臉別過一邊去。

我停頓了一會兒，「看來是你媽媽想要你見我的。你並沒有答應她，是嗎？」

男孩也停了一會兒，說：「她每次都這樣。」

我重複了他的話：「媽媽每次都這樣嗎？」

「對呀……」男孩開始抱怨媽媽，談起兩人的日常爭執。

媽媽自認為開明，男孩卻覺得處處壓迫。媽媽常常「假傳聖旨」，扭曲他的意思，又說她給他很多愛……

媽媽幾度欲辯駁，被我先阻止了。媽媽被阻止的神情，那種烏雲罩頂的感覺，跟男孩剛剛等待時很像。

男孩不去上學了，最常在家睡覺。他從早上睡到晚上，從晚上睡到早上。

在跟男孩互動的過程裡，我與男孩確認，他沒有想跟我談話。我並未質疑媽媽，那對此刻的意義不大，只會讓母親辯解，或者啞口無言。

我已經坐在這兒，我能做的、想做的，是試著和男孩連結，也許他也感到有壓力，卻很難說得清楚。

面對不想見我、正在生悶氣，而我又決定與他連結的孩子，我上述的對話方式，歸納如下：陳述客觀事實、等待與停頓、重複孩子的語言。

- **重複客觀事實：不夾雜個人的意見，能讓問題得到核對。**
- **等待與停頓：讓孩子感到被尊重，也感受到安全。**
- **重複孩子的語言：讓他感覺被同理，並讓他繼續陳述，使情緒得到流動。**

接著，男孩敘述了他的情境：關於媽媽一直以來的態度，以及媽媽的應對，為他帶來壓迫感。他當時已經沒去上學，感到煩躁與無力，媽媽又給予強大壓力……

從傾聽與回應事實，進入渴望

我與男孩的談話，是很平常的連結。

這樣的對話並不特別。特別的是男孩，他說了如詩的語言：「我的心裡是黑的，一片黑色……」

我彷彿可以理解，在媽媽的「愛」之下，我也感到壓迫。然而，這裡即使不理解，也無須刻意理解，因為他是個特別的孩子。

有些人會嘗試在此處理解，陷入想要搞懂的狀態，但那將打破此刻的「詩境」，或者打破「禪意」。若是執意以認知理解，不一定能真正貼近對方。

比如，若問：「怎麼說是黑色？」「那是什麼樣的情況？」「黑色是表示什麼呢？」我估計對話會變得生硬，陷入一種反覆解釋的狀態，反而會失去一分美。

我以為此時無須急著理解，因為理解可以先看全貌，所以我探索的是全貌。

我在此回溯問句：「原本是什麼顏色？」

男孩停了一下，說：「乾淨的藍色，很乾淨的那種。」

「怎麼變黑了呢？」這時我稍微探索，慢慢讓他覺知。

男孩皺起眉頭，說：「我不知道。我努力回想，想要找回什麼，有一些好的東西，可是跑到哪裡，我記不起來了……」

此處，我有很多好奇，但是我最好奇的是：「你怎麼找的呢？」

他陳述的是內在，試圖以語言描述，將內在的心境陳述出來。這樣詩質的語言，不知道有多少人懂。

他提及想要找回什麼，這就是外在的應對，所以我想看他外在的應對為何。

男孩沉靜地敘說：「睡覺吧！我想好好靜一靜。」

我想起他不去學校，也許跟「尋找」有關，看來那對他是重要的事。「所以你不去上學，在家睡覺，就是在尋找嗎？」

男孩在這兒紅了眼眶，邊點頭邊落淚了。

男孩的落淚，我判斷其原因，是因為他被理解了。他因為內在混亂，卻又不知為何混亂，因而待在家中睡覺，卻又被母親催促、責怪，可能讓不被理解的他，又更推向不被理解之境。

因此，當我說出：「所以你不去上學，在家睡覺，就是在尋找嗎？」那一瞬間，他

應覺得不去上學的自己被我理解了，有人能夠懂他了，因而激動落淚了。

問話的瞬間，我連結了他的渴望，他被我接納了。可能，也被自己接納了。

他原本有點扭曲，看來抗拒當下的淚水，我只是靜靜等待。他漸漸不抗拒了，**我又接著繼續問他：「結果呢？有找到嗎？或者，有比較靜嗎？」**

男孩哭出聲音，肩膀抖動著，臉埋在手掌中。

我靜靜等待，只是安靜地陪著，在適當的縫隙裡，我在他此刻的冰山探索：「你發生了什麼？我可以知道嗎？」

男孩並未說話。他坐在沙發上，內在一陣陣發生，從他的表情反應，可以看見他平復了，但一會兒又啜泣了。我這一次全然等他。

他說了一句饒有深意的話：「我又感覺到了……很乾淨的藍色……」

這個過程，我也很難以語言表述，那是一種內在的感覺，可能透過我的理解，他漸漸也理解自己了吧。

這對他而言，是重要的東西，而他又能感覺到了。

我聽了之後點點頭，表示我知道他的感覺了。

我沒問他何時不見，也沒問他發生了什麼，沒有要他多說一些……他心中的藍又出現，我們只是停在這兒。我只是靜靜去感覺，感覺他的感覺，或者陪他去感覺，也許共同感覺，一種靜靜的藍色。

靜默了幾分鐘，男孩很抽象地說：「剛剛這樣說話，我好像又能取出來，那種心中的好東西。」

「怎麼取用的，你知道嗎？」

我試著在他的行動，以及他的正向處，為他找到覺知，在渴望處工作。

男孩點點頭：「我知道了。」

我進一步想落實：「在你需要的時候，你可以知道怎麼取用嗎？」

男孩笑了，笑得有點神祕，笑得有些深刻。他點點頭說：「我現在知道了。」

男孩在離開的時候，向我要了一個擁抱。他的母親很詫異，因為男孩很少跟人碰觸，現在竟然主動要求擁抱。

我要離去之前，母親焦慮地問我：「老師，你還沒談生活作息，還有他不上學的事。」

我轉頭看著男孩，男孩此刻面對媽媽，不如剛剛的不耐煩，反而是雙手一攤，對我笑著搖搖頭。

我能感覺那種自由，彷彿在男孩身上流動。也許，這就是男孩說的藍色。

渴望的連結是感知

與男孩的談話，是非常特別的經驗，過程中只有抽象的語言，如詩般緩緩流動。我不禁慶幸自己平常也讀讀詩歌，也許因此能交流吧。

媽媽當天送我離開，很困惑地問我：「為什麼談到藍色？兒子沒有問題嗎？」

我哪裡知道怎麼談到藍色？應該詩人、藝術家才知道吧。

一週之後，媽媽傳來訊息，說男孩第二天就去上學了。但是媽媽不明白，為什麼孩子願意去上學。

其實我也不知道，我只是積極傾聽，聽他說心裡的話。那應該是排黑的過程，黑排完了，藍就出現了吧？

李崇建談冰山之渴望

幸福的奧義

我與男孩的談話，至今仍烙印腦海。每當回憶這片段，我能感受到那乾淨的藍，尤其是陪男孩靜默的時刻。

至於男孩為何願意去上學？我不得而知。但是男孩表達的藍色，能夠重新連結，重新感知那好東西，實在太符合「渴望」的隱喻。

渴望是生命的元素，是一種深刻的體驗，是人們透過自身就能體驗的力量……

從寫作文探索渴望層次

渴望層次是根基，是生命的必需品，連結著人的生命力，影響人的思考，也影響人的感受，以及面對問題的方式。

一個有價值感的人、有意義感的人、有安全感的人、有信任感的人、感覺自由的人、接納自己的人，生命是什麼狀態呢？

這樣的一個人，內在應感寬闊，心靈常感和諧，常有創造的勇氣，更有選擇性、有深刻的存有感，也更有生命力。

這樣的一個人，外在應更自由，更為自己負責，更勇於嘗試，也更有創造力。

人在成長期，被對待的歷程，與渴望層次大有關係。

寫不出作文的孩子

我在《麥田裡的老師》一書，描述一位男孩，長相清秀卻無活力，媽媽帶他來學作文。他非常抗拒上課，因為他寫不出作文。

男孩與母親僵著，母親不知所措，希望我鼓勵他，說服他來上課。

但我反而告訴這位母親，孩子若不想來，就不需要來上課。上寫作課應該愉快，課後補習並非必要。

母親無奈表示，男孩作文寫不出來，已經好多年了，始終無法改善。

這時我才知道，男孩寫不出作文。因此，我邀請男孩：「你沒上過我的作文課吧？怎麼知道不喜歡？」

我建議男孩嘗試一次，再決定是否願意上課。如果覺得不適合，再決定不要來。

男孩因此答應我，願意去上一次課。

孩子寫不出作文，是匪夷所思之事。作文只要懂得寫字、說話，只要我手寫我口，就能寫出作文了，怎麼會寫不出來呢？但是在我教作文的生涯中，竟遇過不少孩子都寫不出作文。

探究這些孩子，幾種狀況最常見：個性上不敢犯錯、必須表現優秀；或是寫作過程被教導寫「好」，寫不好則修正、擦掉，或者按照大人的格式寫。

寫不出作文的冰山各層次

這裡不妨設想，一個剛寫作的孩子，每當作文寫不好，就被指正、要求修改：「你這樣寫，文句不通，既沒新意，也沒有完整表達。你應該想好再下筆……」邀請讀者深呼吸，沉靜一下，進入這個情境：想像自己剛學寫作，當你交出作文，得到老師或父母上述的回饋，且被這樣說了好幾次。請感受在此情境下，冰山各層次會是何種狀態。

在這種情境中，需要寫作時，會如何認定自我？通常是：我不會寫作文，我不善於寫作，寫作時我很糟糕。遇到寫作時，生命力常消頹。此時，冰山的渴望層次，又會是什麼樣的狀態呢？

・**渴望層次**：沒有價值感、沒有自由感、沒有安全感、沒有意義感、不接納這樣的自己。

自我與渴望層次，彷彿一個人的輸送帶，在底層不斷製造，輸送思考模式、感受與應對方式。

・**期待層次**：期待被肯定、寫出好作文、不要再寫作文。

既期待寫出好作文，又期待不要寫作文，又想被肯定……衍生出的狀況，變成糾纏的期待，這股能量會怎麼走，不妨更深入思索。

・**觀點層次**：為什麼要寫作？作文很煩。寫作很無聊。要寫好作文才有好學校。

這些觀點帶來的，是正向的影響，還是負向的影響？當作文是必需的門檻，或者面臨寫作的時刻，內心會有何種感受呢？答案是，壓力、焦慮、緊張、恐慌、生氣、煩躁、沮喪、難過、無奈、無力……

冰山以下的層次，如此運轉著思考與感受，充滿負向的能量，會產生什麼樣的應對呢？

通常正是像男孩所出現的狀態：不會寫作文，寫不出作文，不想寫作文。即使知道應該學習，也想寫好作文，但在應對、行動上卻抗拒、排斥作文。

很多教育者會疑惑，為何寫不出作文的案例增加了？為何以前這樣教作文，學生都能寫出來，而且還能寫得不錯呢？

因為，時代不一樣了。這是個加速的年代，權威漸漸失去效力，媒體資訊讓人分心，大腦接收大量與過去不同的刺激。

方向都在連結渴望

我在對話中所運用的方式，並非為了短期目標而形成的策略。若只是想解決眼前問題，通常成效都不好，即使有了成效，也容易像打地鼠，問題解決不完。

從冰山的層次來看，若將感受、觀點與期待，視為人的引擎，驅動著人走到何處，那麼渴望與自我，就是驅動引擎的能量。電源不足、原油質量不佳、太陽能時有時無，都不能穩定提供能量。

當我跟男孩的母親說：「孩子若不想來，就不需要來上課，上寫作課應該愉快，課後補習非必要。」你若是那個孩子，會有什麼感想？是否會覺得放鬆？是否覺得有人站在你這邊？

這句話要連結的，是渴望層次的「接納」。孩子也想寫好作文，當他寫不出作文，潛意識裡也常不接納自己，運轉的能量就難進入。

我邀請男孩：「你沒上過我的作文課吧？怎麼知道不喜歡？」並建議他嘗試一次，再決定是否願意，如果覺得不適合，再決定不要來。你若是那男孩，會有什麼感想？是否會稍微動心、稍微猶豫？因為嘗試過後，若真的不喜歡，可以決定不用再來。

這句話要連結的，是渴望層次的「自由」。所謂的自由，是自己可以選擇，為自己負責的選擇。

若男孩不答應上課呢？我依然會接納。我會告訴他：「若你想要試試看，我會陪

你找方法，過去……」

這兒的對話，我會透過「回溯性表達」，輕敲他過往的感受。

若孩子逐漸了解大人是真心接納，那麼他期待中的一個選項：「期待被肯定、寫出好作文」就會被正增強，讓他往前踏一步。

若是男孩不願意呢？就像是拒（懼）學者的狀態，需要給予更長的時間，在渴望層次灌輸能量。因為，那表示孩子的日常，可能常被放任、要求、指責、道理、壓力包裹，使得渴望層次能量阻塞。需要家人一起配合，改變家庭的行動應對，或者對話者幫忙，積極且接納地互動，在冰山各層次工作，讓生命力運轉起來。

幸運的是，男孩願意上課了。男孩上課時很開心，因為故事很好聽，上課可以發言互動，且不會被評價好壞，而是被引導如何思考。

你若是那男孩，你會有什麼感想？會不會覺得「來對了」？會不會開始認為，上課是件有趣的事，也覺得思考有方向，發言被老師看見、尊重與看重？

這是渴望層次的「意義感」。

因為上課不無聊，整堂課都很想參與，發言也都被重視。再以故事互動，而男孩能大膽發言，也啟動了安全感、信任感、接納感、價值感的體驗。

但，沒想到，等到要寫作文了，男孩卻趴下去，像一灘爛泥，表示不想寫作文。因為寫作文的噩夢，不會因此煙消雲散。

於是，我告訴男孩一個願景：「能夠輕鬆寫好作文，不必想那麼久，而且能寫得不錯。但是需要提起筆來，勉為其難書寫。反正都已經來了，你就試試看吧。」

我給的願景有個畫面，是我與男孩要的方向，意思是我們要去哪裡，會有什麼好風景，需要付出什麼，這是薩提爾模式中的「正向模式」（Positive Model）。

要撐起這個「正向模式」，需要一個策略進行。什麼策略呢？就是「顛覆形成孩子寫不出作文」的策略。我反一般之道，進行文字的解放，那就是寫「爛作文」。

這是渴望層次的「接納」，因為被接納了，文字才有可能成長。

被接納後的表現

男孩本來不相信，但班上孩子鼓譟：「阿建說的是真的啦！每個人都可以寫三次

爛作文。」

男孩大笑說：「你說的喔。」

我重複他的話：「對，我說的。」

男孩興奮且挑戰地說：「你不要後悔唷！」

我很肯定回答：「我不會後悔。」

男孩開始振筆疾書，邊寫還邊笑，偶爾抬頭看我，露出神祕的笑容。

好幾年寫不出作文的男孩，被人邀請寫「爛」作文，立刻就能寫出來，可見過去的作文策略，放在今天、放在他身上，是一具多大的枷鎖。

只要他能寫出文字，引導者懂得回應，孩子就會逐漸改變內在狀態。

他是全班第一個交稿的，寫了將近

四百字。但是這篇作文「超爛」，簡直是一篇惡搞文。

他的文章大概如下：「有個人擁有一根大老二，他感到很光榮，所以露出大老二。但他不因此滿足，在吞了藍色藥丸之後，他擁有了更大的老二，突破了一〇一大樓。他的大老二『昂然矗立』，不久飛機來了，撞上了大老二，大老二破掉了，咘、咘、咘破掉了，死掉了……」

在《麥田裡的老師》一書，我並未提及他寫了什麼文章，因為顧慮到是教育書，此類文字很不雅，所以沒有呈現出來。

但常有人問我，孩子寫得那麼爛，該怎麼辦呢？邀請所有人，不妨思考一下怎麼應對。請不要只是稱讚，而是發展對話，讓正向能量深入。

孩子寫出作文了，無論表現如何，大人的回應將是關鍵。

我看完作文笑了。因為他實在太大膽，以「惡搞」來表現作文。

班上孩子見我笑，紛紛好奇文章，求我念出來分享。我考慮了一下，決定為他們「朗讀」，我將「大老二」隱去，替換成〇〇〇。

六年級的孩子們，笑得東倒西歪，鼓譟著說太讚了。男孩露出很得意的神情。

我跟男孩對話，大意是怎麼敢寫，怎麼寫得出來，怎麼能寫到四百字，怎麼停不

下來，過去作文也這樣嗎？內容是怎麼想的？難道沒有卡住嗎？昂然矗立的成語從哪兒學來？

我最後對男孩說：「才短短時間，你寫了一篇『爛』作文，非常不容易。雖然爛透了，但是很有創意。」

男孩笑得很開心，歡樂地下課了。

我的問句與回饋，以及朗讀男孩作文，如果你是男孩，會有什麼感覺呢？會不會覺得很滿足？原來寫爛作文，真的能被允許；原來自己這樣寫，也能被念出來。同學們激動地笑，會覺得很光榮嗎？

這是渴望層次的接納感、價值感。有了價值感，就有力量站起來。

一般人期待速成

男孩決定來上作文了。因為他被接納，感到自己有價值。他願意來上課並不令人意外，過去有很多類似案例。

但這時，困擾的是父母親。

男孩告訴父親，他寫出作文了，老師還朗讀他的作文。聽說父親聞訊大喜，竟然能寫出文章了，他要看男孩作文。父親見了作文臉色鐵青，將作文簿丟至牆角。

當一個孩子拒學、沉迷於網路、情緒管理不當、功課表現不佳……這些情況出現時，成人總期望一次搞定，起碼要迅速看見改變，但是一般人看不見「改變」。男孩從寫不出來，到寫出爛作文，這就是「改變」。朝改變之路探索，改變就成能量渠道，形成新的面貌、新的慣性。

成長沒有捷徑，迅速改變的速成法，偶爾會出現，但比例並不高，一般都是逐漸成長。設想一個小個子，若一夜抽高五十公分，根基通常不穩固，更難持盈保泰。人穩固的根基，就在冰山「渴望」以下的層次。

男孩本寫不出作文，已經數年之久了，正是大人期待過高，孩子對自己期待也高，文字才無法輸出。我常見很多人在面對陳年問題時，常用同一種方式面對，即使都沒有成效，也不容易改變面貌，守著灰姑娘般的期待。

如今男孩寫出「爛」作文，突破文字堵塞的渠道，肯定是泥沙俱下。需經歷一段流動，才能湧動清澈的泉水。

既然男孩決定來上課，媽媽也願意讓他嘗試。

作文課很有趣，男孩樂得聽故事，也樂得大膽發言，更樂得寫爛作文：他前三次書寫，文章充滿大便、尿尿、屁屁。

寫爛作文是一種策略，一般孩子得到許可後，只會開放、大膽寫，不像男孩如此惡搞。但不需探究男孩為何如此，重點是接下來如何做。

接納後的陪伴與改變

三次爛作文過去了。男孩第四次來上課，我走到男孩身邊：「你的作文很有創意！」

男孩得意地微笑：「我也這麼覺得。」

我接著對他說：「但你寫的作文，學校老師會接受嗎？」

他笑著對我說：「應該不會接受吧！」

這裡的關鍵問句，是核對他也肯定創意，也核對了老師不接受。

我拍拍他的肩膀：「這樣就可惜了。這麼好的創意，老師不能接受。你已經寫了三次作文，過了三次『爛』作文，不能再寫雞雞、便便與屁屁了，你還是可以大膽寫……剛開始有點困難，我會陪著你。」

爛作文是解放，三次是限制，我對他的表達，是看見他的價值，接納他的書寫，但為他賦予責任，為創造負起責任。

我說的這一段話，是轉化他擁有的資源：他的創意用在寫雞雞、便便了，但這些是不被接受的。如果將創意用在一般作文，就會有好的發展。

我的話語裡含有接納，接納他會面臨的狀況，接納他會遇到的困難，讓他不為挫折困住，或者困住時，他也能接納，即是拉近「他與他自己的距離」。

那一堂課，他書寫時卡住了。發呆半個多小時，很安靜地坐著，隨後開始下筆，但寫了一點兒就卡住了。

創造需要勇氣，勇氣帶來焦慮，需專注與焦慮共處，才能出現創造力。但大人常介入孩子的焦慮，非引導孩子與焦慮相處。與焦慮共處的方式，其一是專注停頓。

我只是觀察男孩，一直沒有介入，我觀察他是否能專注。專注意味著坐得住，而不是跟同學講話。

班上孩子陸續寫完，一個一個離開了。已經下課二十分鐘，男孩仍舊苦思寫作。

我走近他身邊，他僅寫四行作文，大約五十幾個字。字裡行間沒有粗鄙用語。

若你是老師，你會有什麼感覺？有什麼想法？有什麼期待？你的冰山會發生怎樣的變化？

那一刻，我很感動。我認為他很努力，而且他進步了。

我期待自己陪他，也期待他繼續下去。

在我的渴望層次，我感到有價值，也接納自己的等待，感覺自己很有意義。

我拍拍他肩膀，稱讚他的努力。

他搖搖頭說：「我又沒有寫完。」

他的反應是什麼呢？正是渴望、自我層次的聲音，那裡還有這樣的聲音：我沒有價值、我不接納、我不夠好。

我在客觀事實上回饋：「我知道你沒寫完，但是你這一次不同，沒有使用『雞雞』、『大便』與『屁屁』，我認為很不簡單。而且你雖然卡住，已經寫不出來了，卻仍然努力思索，堅持到最後一刻，也沒有放棄，我欣賞這樣的學生……」

我收回作文簿：「這樣已經足夠。你可以下課了。」

你若是男孩，聽了那句話，你有什麼感受？冰山有何變化？

在渴望層次，我連結了他的接納感、價值感。他需要透過我的眼光，慢慢去看見自己，重新體驗自己的全貌。

接下來的課程，有四堂課時間，男孩只寫三四行，但他仍然努力面對。他繳交出字數達到我設定的四百五十字的文章，已經是第七堂課。

為此開心之餘，我也好奇他的歷程。好奇他如何辦到的，好奇他怎麼看自己，好奇他之前的卡，好奇他期間的改變……

這些提問很重要，都是在「正向」中工作，落實他如何看自己，增強他正向體驗自己。

我提醒他，這是個開始，日後還是會遇到困難，可能還是會卡住。這句話是看全貌脈絡，幫助他日後能看見自己，能夠接納那樣的自己。

此後，他漸入佳境，寫不出的次數愈來愈少，而且他的作文表現，呈現得愈來愈深刻。他經常為了一篇作文，在課堂上寫了一千多字，還要求回家再寫一千字。

男孩後來對作文投入，寫出深刻的篇章，還受邀寫書評，文章入選，被刊登出

來，作文考試得到高分。

渴望與自我

我遇過很多孩子，作文寫不出來，唯獨這個男孩，讓我印象深刻，可能跟「大老二」文章有關。

孩子的成長期間，面臨作文寫不出來，只是成長的小事，但以此可作為觀照：作文寫不出來的歷程，可以畫一個年表對照，看看這期間孩子寫了什麼，大人做了什麼，孩子的冰山有何變化。孩子的渴望與自我層次，是壯大了，或萎縮了？孩子成為什麼樣的人？他距離自己更近了嗎？

孩子的拒學狀態、沉迷網路狀態、叛逆的行為、脫序的行為……關鍵都在渴望與自我，那是人的根基。

沒有人想要墮落，沒有人甘願被逼，無人想要沉淪，他們可以選擇各種方式，去創造或者表達。但是他們有困難，他們無法靠近自己，因為深處不接納，沒有價值感……而這些，來自他們是這樣被應對而來。

網癮、割腕、拒學的女孩

演講休息時刻，一位單親媽媽來見我，提到她十八歲的孩子，狀況令她憂心忡忡。孩子本來表現良好，是明星高中資優生，卻斷斷續續拒學，有自殘的行為，還有輕生的念頭。狀況已經一年多了，一直未明顯好轉。

媽媽期待我與孩子談話，幫助孩子走出來。媽媽進一步說明，孩子讀過我的書，透過書認識我，願意跟我見面。

我本無意願談話，因為求助者甚多，且陪伴一個人成長，經常需要一段時間。這是我作為陪伴者，內在給自己的責任。但單親媽媽頗無助，口罩遮住她半張臉，一

雙悲傷的眼睛，斑白了的頭髮，皺紋清晰可見。我心念一轉，轉口答應了。但答應只談一次，再為她們介紹談話者。

我請媽媽轉達孩子，請先寫一封信給我，表達願意與我談話，我再來安排見面。

為何要女孩寫一封信呢？

除了與她先有連結，讓我知道她的處境，還有確定她的意願。通常代他人邀約的親友，常表示期待與我談話，但事實常非如此，那並非當事人的意願，而是代約人的期待。

我請母親將電郵轉交給女孩，數日後，女孩寫來一封信，介紹自己叫小薇。

她的來信很敞開，陳述自己的無助，還有深深的無力感。她形容自己是石頭，是冥頑不靈的頑石，是路邊不起眼的石子，並不值得被關注。因為自己不夠優秀，也不是夠努力的人，沒有權利獲得尊重，不值得活在這個世界……

小薇在信裡說明，她不願意來見我。看來並非媽媽說的那樣：「想要跟我見面、談話。」

但是她來信的敞開，說明她有改變的可能。

女孩的字裡行間，充滿著低自我價值、不值得被看重，彷彿已自暴自棄。從我上述摘錄的信件內容，可以得知冰山的圖像：她與自己的渴望不連結，因此她無法**感覺到自己的價值、不接納自己、覺得自己不值得被愛**。這裡，我標出粗體字的部分，就是冰山的渴望層次。

與小薇的見面

小薇澄清自己並沒有「想見面」，她得知母親為她邀約後，表達母親常亂說話。我回了她一封信，告訴她，如果她願意，我邀請她與我見面，這是出自我的邀約，並非受母親之託。

小薇信裡說「不願意來」，但她最後還是來了。

她願意見面，可能是因為我是創作者，她是我的讀者；可能是我的表達，直接邀約她見面；也可能與我的回信有關，我回信主動邀約，也在她的渴望層次連結。

我將女孩的冰山，以現有資訊描繪，看看女孩冰山的變化。

小薇本不願意見面，但是她決定見我了，因為她的冰山變化了。

我認為寫一封信作為與她的連結，是很重要的媒介。我將小薇收到信之後，冰山可能的變化，另立一章說明。

我也不願意見人，但還是見她了。因為看見無助的媽媽，我的冰山變動了。我也曾經這麼無助，因此動念見她一次，這對我並不吃力，所以我願意見她。

小薇長得很清秀，她已經十八歲了。一見面即低下頭，沉默好長一段時間。若在理想的狀態，她應在學校讀書，在家庭中得到關愛，逐漸走向獨立的年紀。但小薇卻不是這樣，她不願意上學，被勉強上學之後，出了門常常遲歸。她還會自殘、感到不想活了……

小薇坐在我面前，雙手緊緊互握，看得出來很緊張。袖口遮不住傷痕，應是刀子劃過的痕跡。

我指著手腕的傷痕，問她：「痛嗎？」

這句話以表面進入，若是我也連結自己，就很容易連結對方的渴望。這句話包含接納，接納如此的她。這句話也是關懷，連結她的價值。尊重她的狀態，亦是讓她自由，感到信任與安全感。

接下來幾句問話，都在談她的割腕處，亦是真心關懷。

小薇瞅著傷痕，低著頭搖晃，淚水落在她身上。

我停頓了一會兒，想從手腕的傷痕開始：「劃很多嗎？我能看嗎？」

這樣的連結也是一種「好奇」，帶著「接納」、「關懷」、「愛」的好奇。

小薇低著頭，仍然流著淚，卻點點頭同意了。

衣袖往上捲起，手腕上的痕跡，一道一道地陳列。有的傷痕是舊痕跡，有些看來是新的。

「劃了，會比較輕鬆嗎？」有些孩子割腕，會有一種釋放感。

小薇搖搖頭，始終沒有看我。

我看著那些傷痕，新傷舊痕深淺交錯：「怎麼會這樣劃自己呢？」

這句話是從表面層次，問她的應對。

小薇依然搖頭，沉默不言語，只有淚水在訴說。

我在停頓之後，試探性地問她：「這是在懲罰自己嗎？」

這句話是從表面層次，透過自我應對，進入自我層次，即冰山最底層。

小薇雙眼頓時大量湧出眼淚，哭出了聲音。我想起她信中所寫，她應是對自己不滿意。

「如果這是一種懲罰，你想懲罰自己什麼呢？懲罰自己功課不好？不夠努力？還是其他的？」

這句話是從應對、自我層次，進入觀點、自我層次探索。

小薇聽了我所說，依然沉默不語，依然任淚水滑落。我也沉默著好久，才問了她：「你要說嗎？我想聽原因。」

小薇右手握緊拳頭，往自己腿上砸了一下。

「這是在生氣嗎？是生我的氣，還是生自己的氣？」

這句話另起事件，先放掉前面的問話，乃以此刻她的狀態，探索她「此刻」的冰山。因此從新事件（她捶自己的腿），探索她感受層次。

小薇這才說話了：「我是生自己的氣……」

「氣自己什麼呢？」

此處從感受進入自我，因為她生自己的氣。從自我層次進入回溯，探索觀點、事件與期待的層次，了解她怎麼會形成這樣的觀點，以傷及自我的方式，去對待自己。

小薇斷斷續續地訴說，自己是個糟糕的人。從上了高中之後，成績就變得很差勁。她就讀的高中，是知名的明星學校，同學都臥虎藏龍，但無論她怎麼努力，不是提不起勁，就是課業太困難，成績提不上來。她氣自己不聰明、氣自己不努力、

氣自己不堅持、氣自己沉迷網路。她也生媽媽的氣，又覺得自己不該生氣，因此感到很深的愧疚……

小薇對自己的生氣，是對自己的「負面」看法。從什麼時候開始呢？正是從她成績落後開始：她本來被評定資優，如今卻證明她一點都不資優……

從她成績落後開始，她的冰山發生了什麼變化呢？

此處需透過回溯，了解事件是從何時、因何事開始，亦即冰山的形成面貌，一直到今天的狀態，成為一種慣性的思維、慣性的應對。

她的成績落後了，所以潛意識決定懲罰自己，這是初次回溯的覺察。然而這個決定怎麼來的？這時就需回溯更早的生命狀態，看見她關鍵的「五歲的決定」。

童年的決定

割腕是對自己的懲罰，她並未意識到這一點。直到談話的那一刻，她開始覺知那是對自己的懲罰。

為何這樣懲罰自己呢？一切從媽媽的眼淚開始。

她看見媽媽的眼淚，最早的印象來自五歲。小薇記得當天要出遊，去她期待已久的遊樂園。她坐在餐桌上吃早餐，父母不知為何吵架了，兩人愈吵愈大聲。她只記得爸爸吼媽媽，還動手打了媽媽，媽媽丟桌上的盤子，隨後爸爸憤而出門，留下哭泣哀傷的母親……，其他的情景，她忘記了。

小薇當年僅有五歲，童年烙印了創傷。

小薇說到此處，身體開始顫抖，我請她接受顫抖。她不斷搖頭、抗拒。她不能讓自己害怕。

此處可看見她的感受，從五歲開始壓抑，為了要照顧媽媽。所以我邀請她覺察感受、體驗感受，接納她的感受。若是她抗拒感受，那麼這些感受仍存在，並不會從身體消失，她還需花力氣抗拒感受，就容易生出感受的感受，生命就顯得糾纏而無出路。

我邀請她體驗感受。她顯得非常艱難，即使不斷落淚，不斷顫抖著身軀，還有抗拒顫抖的扭動。她的身體不自在地扭動，來自於頭腦的反射。如何能接納這樣的狀態，那牽涉她早年的決定。

五歲的她就決定了，決定自己不能害怕。若是害怕了，媽媽怎麼辦呢？冰山的渴望層次中，她不接納這樣的自己，因為一旦她害怕了，她就沒有價值了，她怎麼有資格被愛呢？

不允許自己體驗感受，那就無從體驗愛，也不能體驗自己的價值，這彷彿是無間道地獄。

五歲的孩子擁有害怕，卻不能承認、接受自己害怕。她必須否定感受，學會隔絕感受，隔絕內在的連結，卻也因此隔絕了生命力。

五歲的孩子應該被愛，應該擁有安全感，才能讓生命力茁壯，發展出自己的特質，在挫敗時擁有能量。但是她卻做了決定，為了求生存發展。

我邀請她接觸害怕，並告訴她此刻很安全，請她允許自己體驗。允許五歲的自己感到害怕，那是埋藏於身體的恐懼。

我緩慢邀請她，接觸發抖的身體，也接觸自己的情緒。這對她而言，很陌生。

她開始辨識害怕，並且懂得接觸害怕，建立了溫暖的連結，也漸漸不抗拒顫抖，只是乾嘔了幾次。當身體漸漸趨於平穩，她的記憶重新湧現。

與感受疏離的人，一旦接觸感受，通常會感覺失控，一則是失控帶來害怕，一則是體驗感受帶來衝擊，會伴隨著生理反應。薩提爾模式的做法，通常是建立資源，不至於讓衝擊擊垮。

當時五歲的她，看見媽媽縮在椅子上，非常無助地哭泣。她跑過去抱著媽媽，她決定要保護媽媽，不讓媽媽感到痛苦。當天媽媽帶著她去樂園，看著摩天輪轉動，她和媽媽搭上去，高處的風景很遼闊，但她只看著媽媽愁苦的臉龐。為了讓媽媽開心，她裝著很快樂的樣子。

進入感受的體驗，往往會看見過去的畫面，因此五歲的冰山浮現，五歲的感受、決定、應對都清楚浮出。

五歲的女孩，正逼迫自己長大，去照顧她的母親。

爸爸和媽媽離婚了，媽媽成了失婚的女人。媽媽常抱怨爸爸的不是，也常感嘆自己的失敗，說自己很是糟糕。年方五歲的小薇，在心裡面下了個決定：**她決定讓媽媽榮耀，讓媽媽不再受苦**。

我聆聽她內在的歷程，不禁問她：「那小薇呢？小薇怎麼辦？」

這句話是從觀點提問，進入渴望與自我。

小薇聽了我的問句，不斷地搖頭掉眼淚。

她斷續地說自己很糟糕，不值得被善待。自己的生滅苦樂，又有何重要。她想要榮耀母親，但她卻失敗了，沒有辦法做到。她讓母親失望了，她只是混吃等死的傢伙，不思努力，也不思上進。她想要善待母親，但是她卻常跟母親發火。她跟爸爸一樣發脾氣，用同樣的方式對待媽媽，她更痛恨爸爸了，也痛恨她自己。

從她的敘述裡聽起來，無論她對母親是否發火，她對母親有很多關愛，但是她對「小薇」諸多苛責。

她不覺得自己重要。即使輔導老師、親人或母親，都說她很重要，但她認為這是善意謊言。她內在有個聲音：我是一個累贅，一個負擔，不需要存在……

發生割腕的狀況後，媽媽只想要她好好的，好好地活著就行了，不需要功課出眾，不需要表現優秀。但是她不相信，這樣的她，如何值得。況且當她表現不佳的時候，她常見媽媽的失望。

成功的時候，能體驗渴望，應是理所當然。那麼，一般的時候，能體驗渴望嗎？能感到自己的價值、意義與愛嗎？挫敗的時候，也能體驗渴望嗎？能感到自己的價值、意義與愛嗎？

李崇建談冰山之渴望

在挫敗的時刻，渴望的層次，需要她擁有體驗，能體驗自己的價值，能接納自己的不足，能感到自己被愛。這常是陪伴者、教養者，還有教育者最困惑之處：不是已經給予了嗎？怎麼費盡唇舌，一再說了好多次了，對方還是這樣呢？

這就是成長歷程中形成的冰山層次，遇到了特定問題，就不是「成長型思維」，而是「固定型思維」。她的大腦神經迴路，會在此刻不斷打結，因為成長的經驗，讓她遇此情境時不斷短路。

她未辨識「此路不通」，也就是並未覺察，而是不斷讓生命的境遇，成了內在邏輯，走入一條死胡同。不僅方向難辨，常愈施力愈無力，自然也愈無奈。

這個年方十八歲的孩子，內在有這麼多的聲音，卻不約而同地都指向負面狀態。難怪她想朝自己劃上幾條傷痕，即使媽媽很愛她，她也不想要回家，回家也想沉溺於網路。進而又痛恨自己不回家，恨自己沉溺網路……

所以這裡有個課題：如何讓孩子連結渴望？如何讓孩子連結自己的生命力？

從冰山各層次連結渴望

我邀請小薇靠近感受，逐漸承認與接納感受。這些感受從她五歲就一路壓抑。這是連結渴望的一條路，這樣的意義就是：**當小薇害怕、受傷、難過、憤怒的時候，給予小薇接納與愛。**

我重新讓她進入五歲的情境。

五歲的小薇，內心還有諸多憤怒、害怕、悲傷與無助。五歲那年形成的冰山，她以自身努力投入，一路求得好成績，以外界的肯定決定自己的價值。當她升上明星高中，以資優的標籤進入競爭。一旦外在目標未達標，幾次努力也不成，這個未滿足的期待，讓她的內在大幅攪動，連結自我的渴望層次便封住了。

她成績失落了，她發現自己根本不資優，沒有資格擁有。所以她壓力很大，因此不想上學，一旦出門就不想回家，因為面對媽媽很痛苦。媽媽所有的關愛、要求、規條都是指責，她回家只想關在房間裡上網。她靠著割腕來發洩，那些她未意識的情緒，夾雜著未辨識的懲罰。

當她體驗到五歲自己的痛苦，我問她：「你是如何看世界，如何看待一個人的呢？」

李崇建
談冰山之渴望

這是我常問的問題。進入體驗當年的自己，這句問話即有力量，亦是從觀點提問，進入渴望與自我。

「父母親失和了，一個五歲的女孩，竟然想要照顧媽媽。然而她只有五歲，她一心一意想著榮耀母親，將所有的責任攬上身，不知道她是怎麼活過來的。她挫折、沮喪的時候，是誰陪伴她呢？她一直想要更努力，但有時候力竭了，這個世界有人懂她嗎？」

我訴說著那個五歲女孩的心路歷程，還有那分善良的內在。小薇聽到這裡，嚎啕大哭起來，哭得全身緊縮。

我問小薇，對五歲的女孩有什麼樣的看法呢？

小薇良久才說：「我覺得她好可憐，覺得她很勇敢。」

我接著告訴她：「她不需要你的可憐，因為她向來獨立。但她需要你的看見，需要你的關愛與接納。這個勇敢的女孩，她有很多失落的部分，你願意以豐富的眼光看她，而不是以功利的角度來看嗎？」

當她漸漸願意看見五歲的女孩，愛五歲女孩的勇氣，接納她一路成長所受的挫折，不以褊狹的眼光看待，**她就是用豐富的眼光看自己。於是，大腦有了新的路**

徑，「固定型思維」的邏輯鬆動了，逐漸轉向「成長型思維」的系統。

渴望的連結

渴望的連結過程，可以從感受、觀點、期待層次進入，去體驗一個人的「渴望」。真正感受到自己的能量，就能重新應對世界。

因此，讓一個人連結渴望，不僅止於頭腦的說服，而是透過冰山各層次探索，釐清、阻塞渴望的部分。

若只是單純用邏輯辯證，常會卡在情緒與負向思考。一旦內在邏輯卡住了，腦袋的迴路就不開通，渴望也就不連結了。

這也是渴望層次最難以說明的部分，就如同「佛曰不可說」，只可意會不可言傳。所謂的「意會」，就是一種體驗，在佛教的說法中，這些境界需要自己去悟得，因此，在談論薩提爾模式時，渴望、自我的層次，最讓學習者感到困惑。

這裡，我透過辯證、質疑與對話，讓小薇連結渴望。然而一次的談話，僅只是一

個開始。重要的目標是，讓她因此願意愛自己。愛自己需要連結感受，需要更豐富、多元的觀點，而不是以觀點侷限自己，需要覺察未滿足的期待，有意識地讓愛流動。

小薇跟我談話後，或許能學習去感覺自己，學習用新的眼光看自己，但是一旦回到家中，舊有的大腦神經迴路又會讓她回到慣性，落入過去的窠臼。因此，我決定增加對話次數，與小薇進行三次談話，再轉介給其他老師。

家人的應對也需要改變，母親也需要被幫助，減少過去舊有的慣性應對。因此我也協助母親晤談，母親需改變應對方式、改變冰山的狀態，家庭才能有新面貌，走上健康的道路。

小薇仍舊會回到慣性，但是再也不割腕了，流連網路的時間也減少。在她內在脆弱的時刻，仍需要

陪伴者給予滋養，才能擺脫內在慣性。不過，她是個勇敢的孩子，她能看見自己的勇敢，也逐漸能接受失落。她走上了屬於她自己的人生。

小薇的冰山

小薇在信中表達，她並不想來見我，但她還是來了。為何她仍來了？或許與我的信有關。

她提到自己不值得被關注，因為她功課不好，又不夠努力……她提出對自己的意見，都是從觀點進入渴望、自我的層次，感受到負向的狀態，**一般稱之為跟自己不連結**。

因為一些現狀發生，造成渴望、自我層次的不連結，引起冰山的糾結。而這些糾結來自生命經驗，意即「發生了什麼」。

小薇提到各種現狀，所謂的現狀，就是冰山以上的呈現。從冰山來看，小薇的現狀就是學校的成績不好，引發其他的問題，諸如割腕、上網、拒學……

・**感受**：小薇沒有提到她的感受層次，但是從她的敘述不難歸納，應是：沮喪、無奈、憤怒、害怕……

・**觀點**：小薇提到自己不夠努力、不夠優秀，這是觀點的層次。

・**期待**：她並未提到期待，但有提到自己「沒有權利獲得尊重」，因此可以評估她期待被重視。她認為被重視的條件，是「一個人要夠努力」，而在這表象之下的期待，是需要「擁有好成績」。所以她的期待層次，可以如是歸納：期待被尊重→期待夠努力→期待好成績。

・**渴望**：小薇提到自己「不值得活在這世界」，可以歸納出她的渴望層次：價值匱乏，沒有意義感，不被自己接納。

・**自我**：小薇的自我層次是「我是個糟糕的人」，因而沒有生命力。這是一般習稱的，「無法與自我連結」。

李崇建
談冰山之渴望

從功課不夠好，自己又不努力，探究小薇的冰山。小薇長久處於這種狀態，呈現出的應對與行為是：斷斷續續拒學、與母親對峙，還有輕生的行為。

這些行為的出現，加上外界的應對，冰山如何流動呢？不難得知，應經常處於負面循環。冰山處於負面循環，就是小薇的內在環境，處於負面循環的狀態。處於負面循環的環境，生命就常萎靡不振，生命力就會微弱。

不妨設想一個狀況，若是一個人的生長環境，瀰漫著噁心的氣息，充斥著被責罵的聲音，陰暗看不見陽光，空氣停滯而汙穢……這個人應該不會生氣勃勃，而可能是萎靡不振、煩躁不堪，或者痛苦不已。那麼，若是內在環境如此，整個人會是何等狀況，會展現出什麼行動，也就可想而知了。

上述是小薇的冰山各層次，是從媽媽給我的訊息和小薇的信所歸納出來的。她在見我之前的狀態，我以下頁的冰山圖示來呈現。

從冰山的狀態來歸納，不難看出一個方向：要解決小薇拒學、自殘與輕生的狀況，就要改變她的冰山內在狀態。而冰山內在的根基，在於讓她體驗自己的價值、感到自己被愛，這些都是「渴望」的層次。渴望層次的不連結，與成長背景有關。

父母、教師、社工，或者助人工作者，該怎麼辦呢？不難明白改變之道，在於冰山內在，在於渴望層次連結。

當小薇收到我的信之前，冰山的圖像

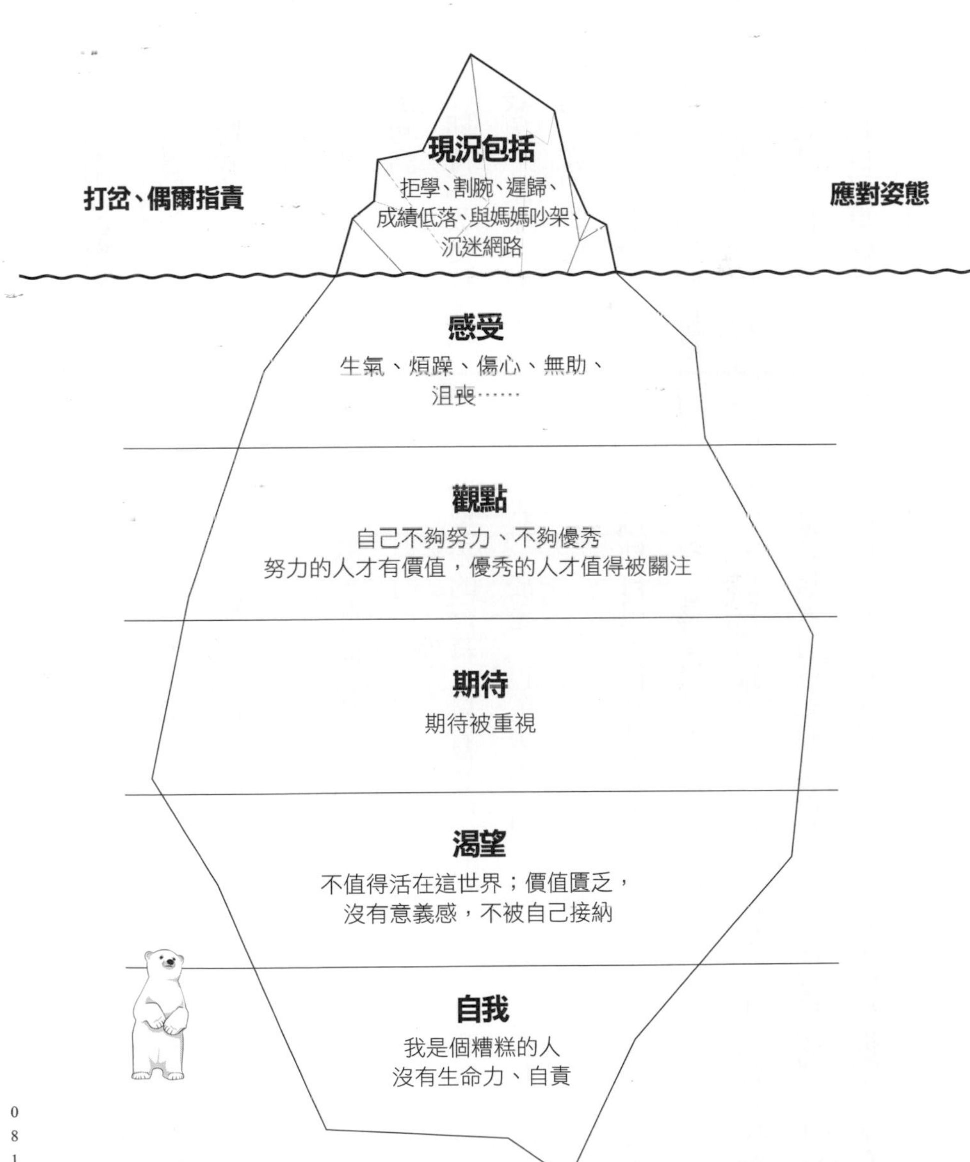

何謂連結渴望？

我曾回答教育界朋友，當我應對孩子時，我的第一個念頭，常是與孩子連結。夥伴將我的一段話，放置成為座右銘：「你的期待是改變孩子。我的期待不是，我的期待是跟孩子的內在貼近。」

不少人看了這句話，感到無比困惑。此處我藉著講解冰山，講解渴望層次，解讀這句話。

期待「改變孩子」，常是改變孩子的行為。只看見孩子的行為，通常意味著看重表象、結果，而不是一個人的全貌。於是，也就失去了對人的看見，失去對人的接納，亦即對此人全貌的涵容。

若是先跟孩子連結，孩子願意連結自己，行為就會為負責任，而做出負責任的選擇，亦即對生命負責。而為生命負責，就是自由，就是好的選擇。

讀者不妨設想，若想要幫助對方，當我們做出表達、應對，對方的冰山會有什麼變化？在感受層次、觀點層次、期待層次有變化嗎？最重要的，渴望層次裡，他是否跟自己更好地連結了？是否覺得自己有價值、被接納、有意義、值得被愛，擁有選擇的自由？

當小薇抗拒去學校、沉迷網路，成績欠佳了，陪伴者能做什麼，來讓小薇的冰山變動，而且是正向地變動呢？這正是冰山系統中，助人內在改變的工程。

表達自己，連結彼此

若孩子願意與我連結，代表孩子願意接納自己，正是改變的開始。

我給小薇的信，與小薇的連結，目標是讓她觸及渴望。**我從質疑她的觀點開始，讓她能觸及自己**。**自己就是生命的源頭**，**自己就是渴望以下的層次**。

我質疑她的觀點，不是要與她對立，反而是與她同在。與她生命的本質同在，去打開生命的縫隙，融入一道她看不見的光，因此生命會被驅動。通常這樣的狀態，脫離了她的慣性認知，所以她會感覺自己的感受與思考很混亂，而薩提爾說：「混亂是改變的開始。」

她並未用全貌看生命，她是用褊狹的觀點：「成績不好就沒有價值」、「沒有達到好成績的努力，就是不夠努力……」、「沉迷網路，就是不能被接納……」

李崇建
談冰山之渴望

這些觀點是她從成長過程學來，無益於生命本身。因為這些觀點的固著，並沒有讓她有力量，反而讓她日益消頹。她忽略了生命需看全貌，需要以愛澆灌，她不懂如何愛自己，因為她需要先被接納，需要被愛的經驗打開。

我要跟她連結，透過一封信件。

我常問我的學員，要怎麼寫信，小薇比較願意連結呢？亦即寫出一封信，能讓小薇「感覺被接納」、「感覺有價值」，在渴望層次連結。讀者不妨在此停頓，先別往下看，試著寫一封信給小薇，再試著設想小薇，看了你的信之後，冰山的層次有何變化。試著畫一張小薇的冰山，來作為對話的練習、冰山各層次變化的練習。

我的信件片段摘錄如下：

你提到自己不值得，似乎跟「有沒有努力」，放在一起來談了。

對我而言這是兩件事，並不能混為一談。

沒有努力的人，是否真的不值得？還有，怎麼樣的努力，才算得上是努力，才算是值得呢？這些標準是誰訂的？又是怎麼決定的？這樣看待自己的概念，你是怎麼學來的呢？這樣對人的標準，是怎麼制訂出來的？

這樣的看法，對小薇是好的嗎？會讓小薇更有力量嗎？

我這樣的一位老師，對你而言是陌生人。但你願意花時間寫信，而且曾想走出困境，試了卻沒有成功，這不算是一種努力嗎？

這樣的願意、這樣的作為，不是一分願意嗎？你只是暫時還在困境裡。

想請你看一個人的故事。

有一位無助的女孩，她想要變得更好，但是她常感到無力，她也不願意如此。她常常遇到失敗，質疑自己的存在，她雖然想過努力，但是心裡充滿無力感，她不知如何面對無力感。她總是感到挫敗。

並不多人理解她，這世界上的人，會關心這樣的她嗎？誰關心她的挫敗？誰關心她努力過？誰關心她曾付出？

我的信寫到這裡，不禁想要問你：「你會想要了解她嗎？」

這個世界上的人，若不是不在意，就是跟她說道理、安慰她，或者指責她，那都不是理解她。

這個女孩生自己的氣，她不想去學校了，但是她為了某種理由，她偶爾還是去學校，也許她還有一絲希望？也許她是體貼媽媽？也許她不想讓人失望……

她遇到一位陌生人，她其實不想見這人，因為她會有壓力。過去的經驗並不好。但是她提筆寫信了，也許基於尊重陌生人。她很坦誠自己的狀態，其實她可以不用坦誠，她也不用說這麼多，她無須說出自己的脆弱。這些都需要勇氣。不知道什麼原因，她願意花時間寫信給這位陌生人，即使陌生人可能不懂。她可以不用這麼做，她不需要花時間寫信，她也可以不願意向上，但是她還想走出來，只是還沒找到方向，只是她感到累了，而她花時間寫信了。

你怎麼看待這女孩呢？

對我而言，這位女孩願意，也嘗試努力了。

我願意寫信給她，想要跟她連結，因為她的願意，對我而言很重要，這是我看待生命的眼光……

各位讀者，上面的信件片段，你可否歸納出哪些部分有助於她連結渴望？

我認為這封信，讓她冰山暫時變化，願意跟我見一面。

我將她閱讀信之後的冰山，以下一頁的冰山圖示呈現她的狀態。

當小薇收到我的信之後，冰山的圖像

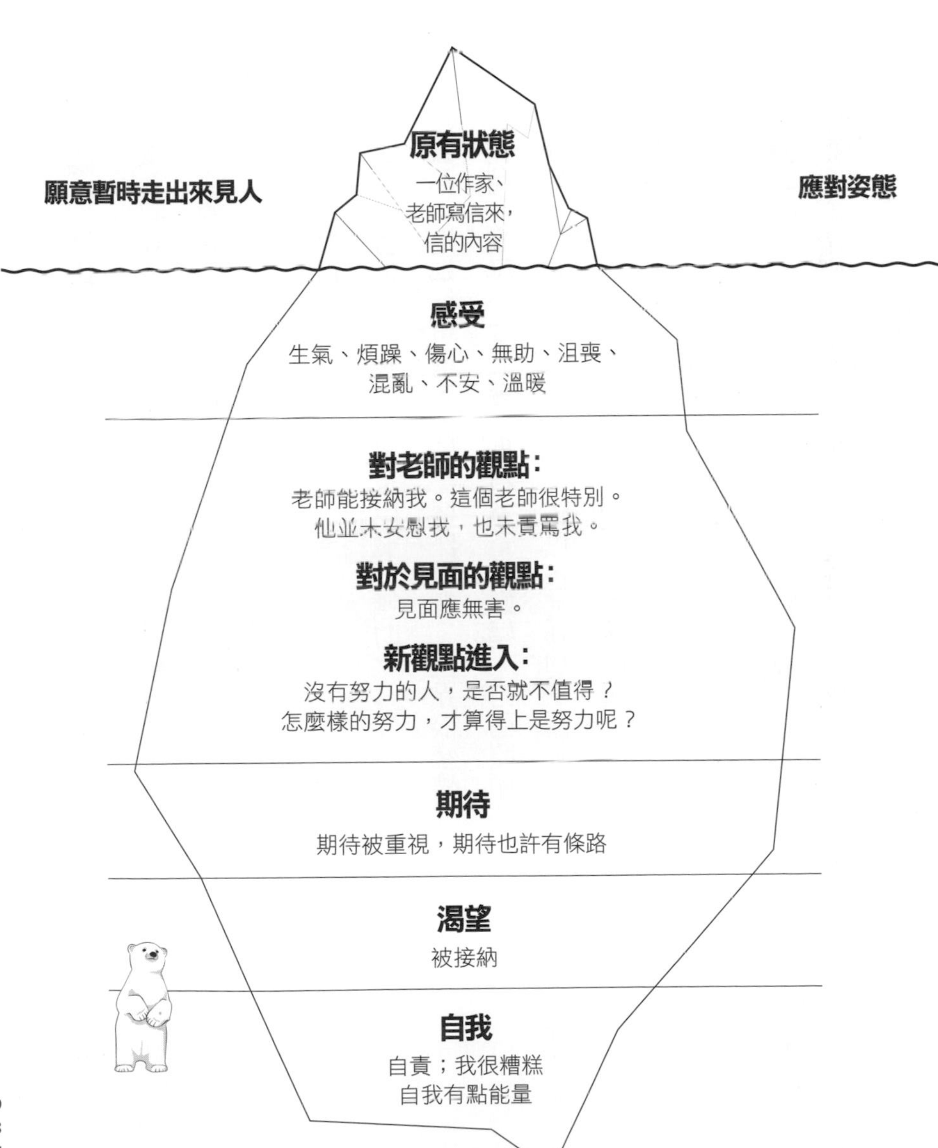

五歲的冰山

若試著回到小薇五歲的冰山，回到父母吵架的事件，為此繪製一個冰山圖像。我以下一頁的冰山圖示來說明。

- **事件**：父母吵架的畫面。
- **感受**：害怕、沮喪、難過、生氣、無助。
- **觀點**：媽媽好可憐、媽媽需要保護者、世界很殘酷……
- **期待**：媽媽不要受傷、期待爸爸愛媽媽、自己照顧媽媽……
- **渴望**：一定是自己不可愛，所以爸媽吵架，甚至離婚了。如果自己有價值，媽媽怎麼會哭？爸爸怎麼會離開……渴望層次：沒價值、不被愛。
- **自我**：一個糟糕的人、自己活該如此、自己不重要……

小薇的冰山形成，五歲的畫面、五歲的決定、五歲的身心感受，是小薇最初冰山的圖像。這個冰山的圖像，成為她的主旋律，不斷地在她的身心間流動。當時她做了一個決定，這個決定形成了觀點、期待，與她如何體驗自己。

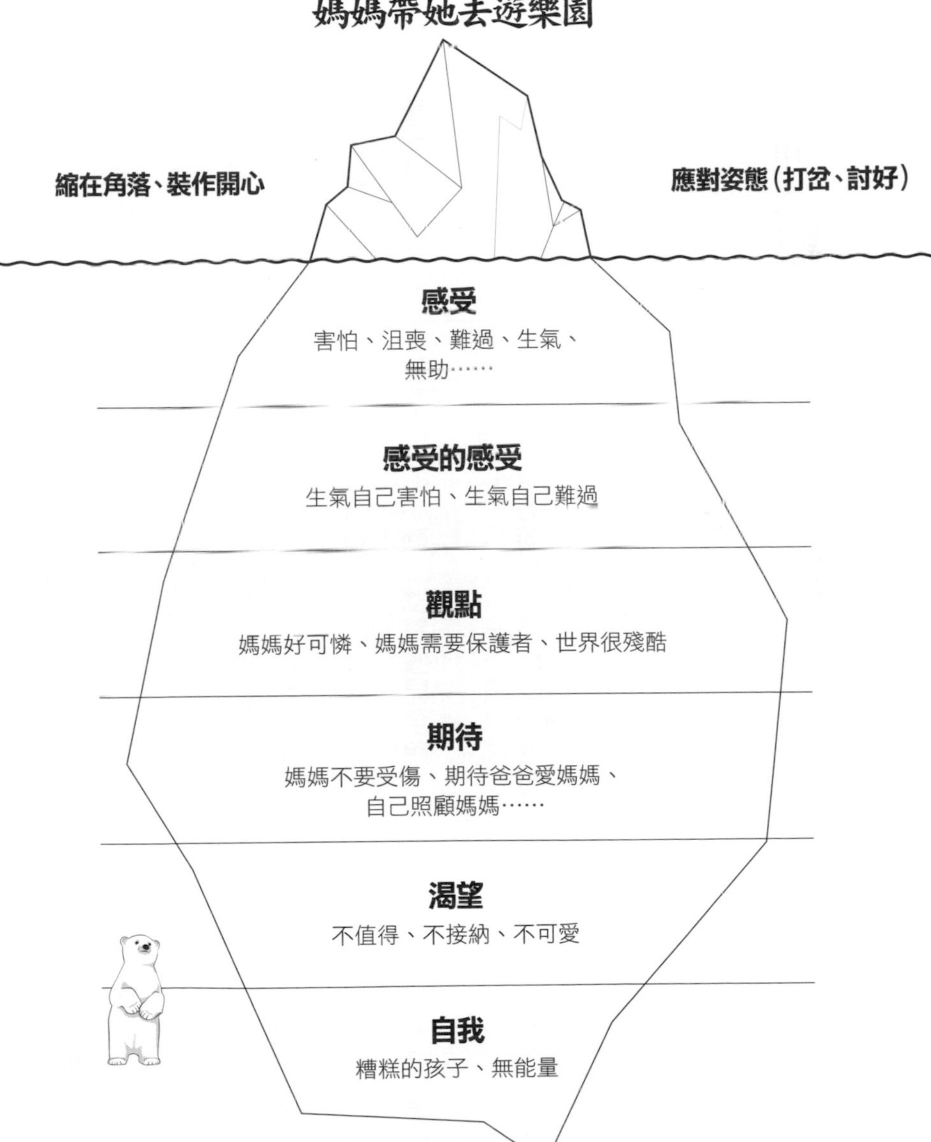
爸媽吵架、爸爸吼媽媽、媽媽在哭、
媽媽帶她去遊樂園
縮在角落、裝作開心
應對姿態（打岔、討好）
感受
害怕、沮喪、難過、生氣、
無助……
感受的感受
生氣自己害怕、生氣自己難過
觀點
媽媽好可憐、媽媽需要保護者、世界很殘酷
期待
媽媽不要受傷、期待爸爸愛媽媽、
自己照顧媽媽……
渴望
不值得、不接納、不可愛
自我
糟糕的孩子、無能量

她的決定若是做到，亦即外在條件滿足了，挑戰就會潛伏在生命裡，表面上看不見，只是冰山的暗流。將來若是遇到狀況，若是她的決定未達成，亦即期待失落了，不是理想的狀態，她會經歷失落的感受。若是一再努力未成功，五歲的經驗常重新喚起，內在陷入負面的糾纏，生命往往就陷落了。

而她這一路做了什麼呢？這是她決定的一部分：盡量讓媽媽開心、想要保護媽媽、想讓自己成績出眾、想體貼關心她的人……

讓十八歲的小薇，看見五歲的小薇，就是看見全貌。全貌是冰山整體，也是五歲的小薇，到十八歲小薇的歷程。

我給小薇的信、第一次與小薇的談話，都是以全貌的眼光去看小薇的冰山，也看歷程中的小薇，讓她跟自己連結。

冰山是流動的狀態

小薇面對成績不好，她努力無效之後，她的應對與行為，又形成冰山各層次變

化。冰山是流動的，當遇到一個事件，或起心動念處，就會讓冰山不斷流動。

在下一頁的冰山圖，我將「斷斷續續拒學」放在冰山上層，可以看見冰山內部的流動。當冰山因為「拒學」而流動，腦袋裡的各種思考、過往、期待、感受交織，又不斷引動冰山各層次。

每當發生一個事件，比如「與母親對峙」、「輕生的行為」，或者「沉迷網路」，內在冰山都不斷流動。

小薇的生命狀態，糾纏、夾雜在這樣的流動中，生命會產生什麼面貌呢？當內在創造負面環境，衍生出來的思考、感受與應對，更陷入負面的環境，生命常處於陷落狀態。

所以，對話者若要更動小薇的狀態，需要跳脫她的慣性路徑，目標都是讓能量連結，也就是冰山的最底層、人的根基所在，「渴望」與「自我」盈滿。

斷斷續續拒學

關在家裡、遊蕩、上網

應對姿態（打岔）

感受

憤怒、悲傷、沮喪、無奈……

觀點

做什麼都無用、世界很煩、大人很壓迫

期待

期待不要有人打擾、期待一切結束、
期待自己能振作、期待有人理解她……

渴望

不值得被愛、不能接納、生命意義、
不是自由的人、感覺不到自己價值

自我

糟糕的人

第七章

經由表達，連結彼此的渴望

將渴望化諸語言表達

人與人渴望的連結，最簡單的方式，並非以好奇進行，而是透過表達。表達的方式，包括行動與語言，比如擁抱、服務、禮物、陪伴，或者透過語言說出來等，這些都是表達的方式，也是最直接的方式。

只是成長過程中，我們失去表達的初心，甚至失去表達的能力。一般人容易未覺察表達的背後，擁有期待對方改變、期待對方了解、期待對方能懂得的意念，因此表達變得複雜，帶著其他的目的，使得人與人之間，最單純的關愛與看見，都背負了

期待的影子。如此，接收者會有壓力，接收者會不相信。

因此，將渴望形諸語言，表達給對方知悉時，最好的方式是自己連結，自己能愛自己、看見自己、看重自己、接納自己，那麼表達的能量即深刻。即使對方不滿足自己的期待，自己也能接納失落。長久的自我連結，學會表達自己，彼此的交流也會真摯深刻。

我過去的教育文章即運用不少表達，只是不常被重視，可能我的提問較搶眼，使得讀者容易忽略表達。因此學思達創辦人張輝誠老師曾邀請我，多談談如何表達。

我以此章節的書寫，回應張輝誠老師，也向他致上敬意，他才是「好奇對話」的最大推手。他將對話推廣到學思達，創造出重大的影響力。

在此章節中，除了列出過去文章，突顯出表達的部分，也另外呈現十個案例，它們都是生活中常見的狀況。我以少量的好奇對話，以大量的表達方式，呈現十個案例的應對，並且做出說明與步驟。我相信一般學習者，或者有心了解表達的學習者，應該會有清晰的了解。

表達愛、關懷、接納與看重

與他人渴望連結，就是讓對方感受到被尊重，感受到被接納，感受到被愛，感受到有價值。

對話者、教育者、教養者，與陪伴者，可以透過自身能量，與自己的渴望連結，透過傾聽、好奇與表達，與對方的渴望連結，使得對方渴望連結。

傾聽就能讓能量運轉，讓生命的能量能轉動。

透過提問探索對方，則是積極傾聽。當人被深入傾聽，情緒健康流動，對自己也有了覺察，跟自己連結就深了。

李崇建談冰山之渴望

除了傾聽與提問，對話者表達接納與愛，讓對方感受被愛、被接納、信任感、有意義感、有價值感，易於讓對方與自我連結。

但是很多人表達愛，表達接納的時候，對方沒有感覺，那只是一個觀點。所以感覺接納與愛，去表達這分感覺，就易與對方渴望連結。若對話只是個套路，期待對方接收到：「渴望」只是觀點與期待。

渴望是生命力的流動。

我在過去所寫的書中，也分享如何表達，與孩子們連結。此處，我節錄幾段，讓大家參考。

《麥田裡的老師》裡，與山毛櫸對話

山毛櫸告訴我，不想待在這個世界上。他方才坐在三樓陽台，只要雙腳再往前一點兒，就會結束生命。

我聆聽他講了一個多小時，他的情緒和緩下來。**我握住他的手，告訴他，這兩年**

我對他的關懷和愛，他感受得到嗎？

山毛櫸停頓了一下，點點頭表示可以，接著說：「那又有什麼用？只有你一個人的愛而已！」

我跟他說：「至少不是如你所說，得不到任何人的愛，也許是你沒有發現而已。」

我的表情應該很認真吧，我接著專注而平靜地告訴他：「起碼在這個世界上，你感覺得到我的關懷。當你遇到挫折、沮喪的時候，你會來跟我說，也許我不能解決，但是至少還關心你，不是嗎？」

我發現山毛櫸一面沉思，一面點頭。當他開始思考，情緒便不再深陷憂傷，已經回到理智的層次了。

他在頭腦與愛的感受間探索。我感覺他能感受我的關懷，談話中漸漸有了力量。

《心教》裡，與明槿對話 I

電話那頭陷入了安靜，約莫有一兩秒的時間。明槿開口了：「阿建，我最近正在玩一款電腦遊戲，但是家裡的電腦壞了，你補習班的電腦可以借我嗎？」

當明槿提到玩電腦遊戲的剎那，我察覺心中有生氣的情緒。

我稍微一沉澱，情緒便轉化了。我心中的念頭流轉迅速，深知自己心靈要更寬闊，才能陪伴明槿面對困難。

我決定答應明槿的請求。因為討論功課的地點在寫作班，我琢磨著週日討論完功課後，才讓她玩電腦。

「下個禮拜天，我們不是討論功課嗎？結束以後，電腦借給你使用吧！結束我再載你回去，好嗎？」

「不行！破關的期限到星期四，禮拜天就來不及了。」明槿迅速否決了。

借不借電腦給明槿，不是我考慮的重點。明槿對電腦的執著，即便快要考試了，她似乎仍無法自拔。我也曾經是這樣的青少年，沉迷於電動玩具，尤其當我愈感到焦慮，便愈想玩電動遊戲，伴隨著一連串情緒。焦慮、電動與悔恨，彷彿是共伴相生的連體嬰。

阻斷孩子玩電動遊戲的慣性，不能從表面的限制著手，而是要啟動他的「渴望」，才能有所成效。

和明槿講電話的瞬間，我腦中的思緒迅速流淌，無法做嚴謹的判斷，只是憑藉直覺對話，上述的思索是事後歸納。但我可以清楚明白，我內在有一個信念：我願意陪伴這個孩子，時間拉長一點無所謂。

「寫作班的電腦借你吧！」我停頓了一下，語態平緩地說：「週一到週四，你都可以使用。我平常不在寫作班，但你隨時可以使用電腦，我會跟會計先說明，這樣好嗎？」

我的決定，大概出乎明槿的意料。電話那頭安靜、無回應，我也安靜等待她。

過了幾秒鐘，明槿回應我了，聲調明顯沉穩下來，帶著些微的顫抖問：「阿建……你有沒有覺得……我很不應該？」

天外飛來的一句話，我其實聽不明白。剛剛還在討論電腦的事，怎麼轉移到這裡？

「我不懂你的意思。」我想確認她要表達的是什麼。

明槿彷彿深呼吸一口氣，才緩緩地說：「我都沒有念書，還跟你借電腦。你會不會覺得我很不應該？」

我至今仍然記得，當大晚上安安靜靜，僅有冷風吹拂的聲音。我原本已經安頓的內在，也許因為明槿的誠懇，更感覺大規模的寧靜。我常有細微的感受，當兩人內在真誠溝通，心靈便會出現定靜的感覺。

明槿這樣問我的時候，我體會了教育者的信念：每個人的內在都有一分「善、美、真」。重點不只是教導孩子要如此，而是如何啟發孩子的本性。有時教育者的急切，反而打壓了孩子的本性。

我誠懇地回應她：「**是呀！我覺得你很不應該。**」

明槿問我：「你覺得我不應該，為什麼還要借我電腦？」

我又停頓下來了，相信她也感到靜謐，安靜而無須說話，都不會感到尷尬的時間，也許只是停下來兩三秒而已，但對我而言是巨大的寧靜感。

「明槿，我也曾經是你。我也是那個想玩電動，不想面對學業的少年，我的心靈充滿痛苦。也許你對自己很失望，或者也有生氣吧？你知道嗎？我曾經就是這樣的少年，深深為此痛苦。」當我說到這兒，和內在的平靜感在一起，既緩慢且深刻地告訴她：「因為我很愛你，**我答應要陪你到高中畢業，你現在只是國三而已。我想慢慢來吧！**」

當我的話語結束，我聽見電話那一頭，傳來吸鼻子的聲音，我想，明槿落淚了

吧！我只是靜靜地等著，最後明槿帶著一點哽咽，簡單地說：「謝謝！」明槿沒有再多說話，將電話掛了。明槿並未到寫作班借電腦。

《心教》裡，與明槿對話 II

媽媽開啟了大門，讓我進入家裡。我站在明槿面前，這個女孩委屈地流著淚，倔強地杵在當下，滿臉的憤怒、傷心與無助糾結在一起。

「好了，沒事了。」我立在明槿面前，輕輕地安慰她。

「你這樣不好，會傷害自己。我不

要你傷害自己。」我重述了一次剛剛的話。

「反正也沒人愛我。」明槿帶著憤怒與呼救的渴求，聲嘶力竭地吐出這幾個字。

「我知道你很生氣，也知道你的委屈。」我專注地望著明槿，緩緩地告訴她：「我知道你有時感受不到媽媽的愛。」

明槿僵硬地站立著，嚴肅的表情瞬間鬆下來，眼淚與鼻水氾濫成河，密布在無助的臉龐上。

「你記得嗎？上一次你向媽媽要三千元，我曾經告訴你，**『愛』與『期待』不同，你的期待失落了，並不代表你不被愛**。如果你感受不到媽媽的愛，你可以感受我給你的愛嗎？」我緩慢說這些話。

明槿放下手中刀子，新的眼淚大量湧現，彷彿在訴說一個委屈已久的故事。

「我很愛你呀！這是我曾經告訴過你的，我今天只是再提醒你而已。如果你可以感受到我的愛，起碼你知道，這世界上還有人愛你呀！」

明槿突然抱著我，放聲大哭起來。

我知道明槿用了很大的力氣，想要去證明、尋找一分愛。我抱著她的身軀，感覺到她身體的顫抖，衣服在寒冷的冬夜為汗水濕透了……

我知道渴求愛的心靈，經常透過外在的事件，去證明自己是否值得被愛。我看見的目標，不是解決眼前的問題，而是從心靈給予力量。

頭腦知道自己被愛，心靈時時湧出的情緒，也會不斷於內在騷擾，不斷以各種圖像與事件衝擊、質疑著愛的本質。我常告訴自己，我不需要多做些什麼，不需要為孩子的行為起舞。我們只是穩定在這裡，讓孩子感受到安定的力量。我認為這樣就夠了。

「去睡吧！已經一點半了，明天還要上課呢！」

我沒有再跟明槿多談事件，只是要她答應我，不能傷害自己與他人，並且送上深深的關心，才離開明槿的家。

雖然已經深夜了，但是我很欣慰事件和平解決了。我知道作為一個陪伴的大人，只要讓孩子相信，自己不會被放棄，讓孩子相信自己值得被愛。其他就交給天意與時間吧！

《薩提爾的守護之心》裡，與依蓮的對話

依蓮在二度轉學前一晚，急著打電話給我，哭訴自己感到無比恐懼，若是明天無法上學怎麼辦。

依蓮面對新學校的心情，隨著時間靠近而起伏。從逐漸拾起勇氣的期待，瞬間掉入失落、恐懼、悲傷混雜的狀態。但是家人只是給予道理，或者說說制式的「加油！」，這沒有實質的幫助，令她被孤單感籠罩著，恐懼感又莫名回來了。

依蓮在夜裡打電話給我，哭著問怎麼面對恐懼。我只是靜靜地聆聽，表達我對她的關心。我邀請依蓮接納自己，無論她能不能去上學，都接納這樣的自己，因為她已經努力改變，並未輕易放棄自己，心靈才會有力量。

依蓮隔著話筒哭著，語帶鼻音說：「但是我很討厭自己，我很討厭這個世界，我討厭好多人，我不喜歡這樣的自己……」

依蓮訴說著苦痛，最後問我：「老師，我可以問你一個問題嗎？」

我請她說。

她說出心靈深處的聲音：「你會不會覺得我很煩？會不會很討厭我？」

我並沒有先正面回答，而是回問她：「此刻你與我通電話，有感覺到我的厭煩

嗎？」

「沒有。」

「會感到我討厭你嗎？」

「也沒有。」

「是呀，我很愛你呀！當你又遇到困難，我沒有拒絕接電話，也沒有匆匆掛電話，是嗎？」

依蓮嗯了一聲，繼續問：「你為什麼要愛我？愛一個這樣的我。」

我常以為當一個陪伴者，是穩定自己內在之後，將一分安然與穩定帶給對方，也讓對方能長出愛、安住愛，漸漸得到穩定的心靈。於是，我對依蓮說：「**當一個女孩那麼努力，即使她遇到了挫折，再次被恐懼占領，她都沒有放棄，還懂得向人求助，這個靈魂不是很可愛嗎？不是令人感到尊敬嗎？**」

依蓮靜靜地聽我說完，哭泣了很久才停下來。

表達規則，表達愛與接納

內心的關懷與愛，如何傳達呢？通常是透過語言、文字與行動。

要讓孩子走得正，表達規則非常重要，但是很多家庭與教室，規則常常不被表達，也很少被認真執行。我見到的狀況，通常是將規則拿來呼籲，比如：「不要講話……」「弟弟，不可以……」或者拿來恐嚇與控制，比如：「你再……，我就……」

當孩子犯了錯，大人可以堅定地執行規則，溫暖且帶著愛地表達。除了表達規則之外，也表達接納與愛，就容易讓孩子的渴望獲得連結，也學會為自己負責。

接下來，我列出十個案例，案例中都有表達的部分。不妨試著揣摩當事人的心境，當我能接納了、能愛了、能看見對方價值了，我所表達出來的語言，他們會有什麼感覺，又會得到什麼結果。

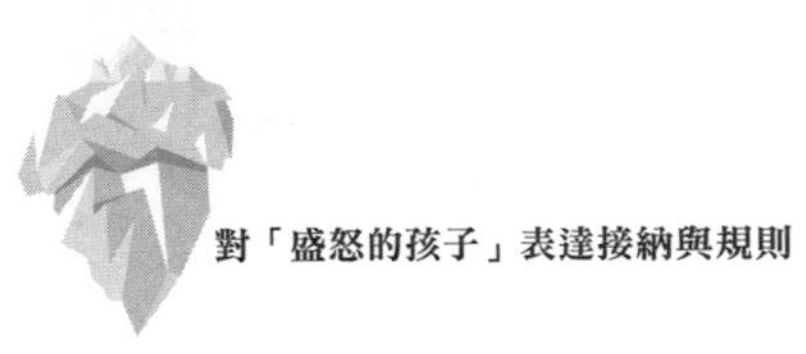

對「盛怒的孩子」表達接納與規則

孩子著急地叫喚我，匆匆拉著我的手，往教室方向跑去。孩子告知我阿利打人了，發瘋一樣地摔東西，有人被打傷了。

阿利的情緒不好，常會情緒暴走。一旦情緒爆炸了，所有孩子都走避，視他為洪水猛獸，不想靠近他。

阿利的情緒愈常失控，就愈不被了解，情緒也更糟糕，彷彿是惡性循環。

這天，阿利發飆了。

風暴可能太強大，教室裡的人跑出來。教室外面，孩子們圍觀，老師也不敢介入。孩子們見我來了，紛紛告訴我事件經過，吱吱喳喳地提供訊息，大意是一群人正在說閒話，背地裡數落阿利，不巧阿利聽到了，瞬間發狂爆炸。

阿利如瘋狂野獸，拿椅子對著當事人砸。那位孩子躲在桌子下，一動也不敢動，其他同學都走光了。

「阿利。」我喚了他名字，停頓了一秒，接著說：**「我知道你很生氣。但是你不能丟椅子。這樣你會被誤解、會很委屈。我不想你被誤解。」**

那一瞬間，阿利停頓了。他放下手中椅子，杵在原地，身體顫抖著。因為憤怒的能量，還在他的身體裡。

我走到阿利身邊，只是靜靜地站著。

桌子下的孩子出來了，悄悄站在一旁。我揮一揮手，讓那孩子離開。我輕輕拍著阿利。阿利罵了一句粗話，眼淚撲簌簌落下來。

一場風暴就此結束了。

阿利事後跟我說，我阻止了他的「暴動」。他覺得自己不被了解，而我是能懂他的人，此後我說的話，他特別願意傾聽，我們的關係也更靠近。

事後孩子們紛紛說，我說的那幾句話，感覺很有魔力，阿利竟然「定住」了，當下就不再發飆了。

在青少年危機的處理中，如何能夠讓對方冷靜呢？除了安穩堅定的語態，語言的表達是關鍵。

觸及渴望層次的表達

有些青少年激動時，彷彿失去了理智，因為**眼前發生的事件，喚起他過去的記憶，於是大腦立即做出反射動作。他們也不想這樣子。**

當他聽到同學們私語，在背後說他的壞話，過去曾被指責、被誤解、被背叛……種種未被妥善處理的事件，殘存於身體的記憶，快速流動且翻攪，喚醒他的諸多感受、負向觀點、未滿足的期待。冰山的各層次都被挑起來了，形成他處事的方式。

聽到有人私語，聽見有人說自己壞話，他的渴望層次發生了什麼變化呢？自己不被接納、沒有價值感、沒有安全感、沒有信任感，愛當然也不連結。

‧呼喚名字

要讓阿利回到當下、不受過去所操控，呼喚名字很重要。但**態度需和諧且堅定，而非強制與恐嚇**。

很多教師、父母呼喚名字時，展現太多強勢、用了過度的控制，或者討好的語氣，可能會適得其反，挑起當事者受壓迫的經驗。

設想一個狀態：當你的名字被和諧、堅定地呼喚，你在渴望層次是否會感到「被接納」、「安全感」？

大部分人會感到被接納，僅有極少數的人會感到全身不自在。

‧「我知道你很生氣。」

這是在呼應他當下的感受層次，讓他與自己連結。這句「我知道……」，就是在接納他的生氣。

有人在這兒會說：「你在生氣嗎？」「你是不是在生氣？」這樣的說法，在此時

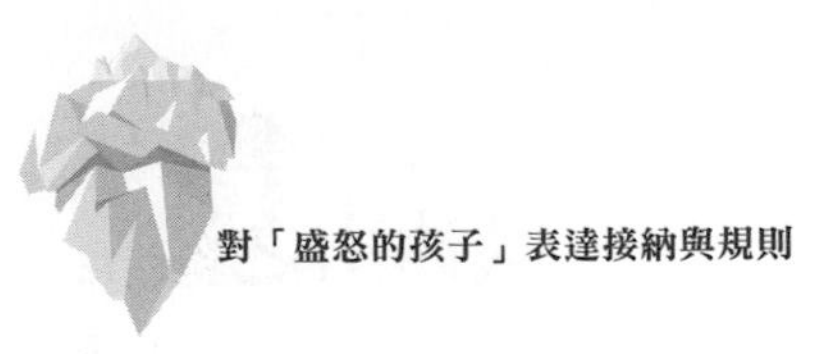

不恰當，因為他正在生氣的狀態，如此會挑起他更多怒氣。一是他在生氣，問他在生氣嗎，已是明知故問。二則是情緒奔流時刻，對方沒有空隙停頓，反而挑起對「生氣」的負面認知，他曾有被誤解的過去，可能讓他更受刺激。

‧「但是你不能丟椅子。」

這句話是規則。

前一句話是在承認、理解與接納他的情緒，這句話則是表達規則。這兩句搭配起來，是讓他知道，我承認、接納了他的情緒，但是他藉由丟椅子來發洩，這樣的情緒表達並不被接受。

‧「這樣你會被誤解。」

接在規則後面的那句話很重要。因為人在盛怒之下聽到規則，往往怒意更盛。

這句話含有幾層意義。一是觀點的層次，表示理解他被誤解了。二是「誤解」具有回溯的意義，能讓他想到從前的經驗，有助於讓他感到被理解，解開他長久的心結。情緒爆炸非他所願，他曾被視為「洪水猛獸」，這就是個「誤解」，因此點出這句話，他內在會感到被接納。

事實上，對於很多犯錯的孩子，「誤解」一詞，都能讓他們感到被理解。

・「會很委屈。」

點出當下另一情緒，也是他長久以來的經驗。當這個情緒被點出來，他又被看見了，同理推深一層。

・「我不想你被誤解。」

這句話是我的期待，應該也是他的期待，因為他有太多被誤解的過去。

短短幾句的語言表達，就有巨大的能量。我連結了他的內在，他感覺到我接納了

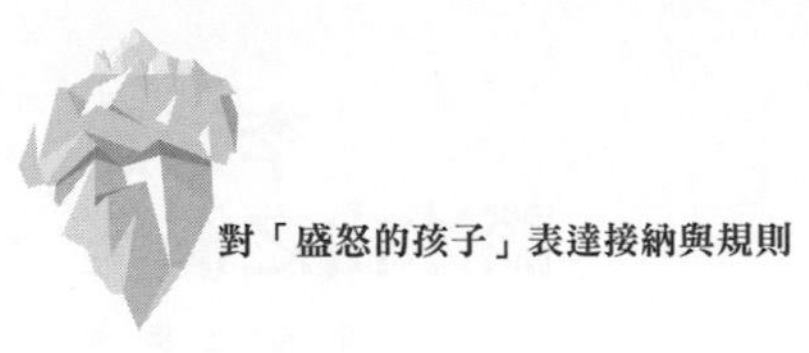

他，**他的渴望層次，與自己的連結就深。他也能接納自己，看見自己的價值，覺得擁有了安全感，以及被信任的感覺。**

以關懷的方式表達規則，並且在觀點上回溯，表達對他的理解，加上呼喚名字，以及對情緒的關注，是這幾句話的脈絡。

對「叛逆的青少年」表達愛

一對夫妻突然來訪，為了青春期的兒子。兒子在外地就讀高中，卻不想與家人聯繫，不僅四個月不回家，連一點兒音訊也無。

他們到兒子住處找人，兒子卻避不見面，生活費只能轉帳。父親想要去學校找輔導老師幫忙，但他熟悉兒子脾氣，如果去學校找兒子，兒子知道了，肯定會鬧翻天，情況只會更糟糕。

兒子怎麼會如此呢？過去父母怎麼管教呢？通常會有其原因。

父親將過去娓娓道來。過去對孩子太嚴厲，常要求孩子，課業一定要表現優秀。

孩子本來表現不錯，但上了高中後，成績突然下滑，信心也被打擊，從明星高中休學，生活上愈來愈脫序。他常跟父母親衝突，最後到遠地去念書，也遠遠地離開這個家。

孩子如今的狀況，來自父母的對待。我最常問父母親，當孩子成績不理想，父母的回應是什麼。通常父母都沒有覺察到自己的回應方式，對孩子造成衝擊，但只要針對孩子面臨成績低落，又聽到父母話語時的情境，畫出冰山圖，看看孩子的冰山各層次，孩子有什麼樣的狀態，也就可想而知了。

當父母嚴格要求，孩子的冰山各層次會如何流動呢？尤其當孩子成績下滑，會如何看待自己呢？此時，**「渴望」的層次應該覺得：自己沒價值、不值得被愛、不接納自己；「自我」的層次則是：我很糟糕。**

我好奇，這位父親想要改變嗎？但他們都說自己已改變了，孩子卻似乎仍無法原諒，於是一起來求教。

如何表達愛？

既然父母說自己有改變了，那麼他們是如何傳達給兒子的呢？是否透過其他管道，比如寫簡訊或者信件，跟孩子連結？

父親說，自己每天都有傳簡訊給兒子，但兒子都「已讀不回」，甚至「不讀不回」。

我問父親，他愛孩子嗎？

父親說，當然愛。

那怎麼傳達呢？如何讓孩子知道他的愛，知道自己改變了？

父親拿出簡訊讓我看，說明自己一片愛，卻投入死水裡，激不起一點兒漣漪。

父親怎麼表達的呢？我看了他傳的簡訊：早安圖、勵志性格言，還有加油哏圖。

我以一個旁觀者，設想自己是兒子，我會有什麼感覺呢？**我感覺不到愛**。

父親又在手機翻了許久，翻出他說的話：「不要不接電話」、「天下無不是的父母」、「讀書要認真」……

我不禁好奇：「哪裡傳達愛了呢？」

父親困惑地說：「這些都是愛呀。」

愛不只是認知，也不只是期待，愛需要有「感覺」。

我邀請父親扮演兒子，由我來將他的簡訊念出來，讓他設想兒子的狀態，逐一感覺這些文字，揣摩兒子的冰山各層次。

這時，父親恍然大悟，頻頻說：「原來如此。」

- **父親感覺到，兒子的感受層次**：厭煩、生氣、無奈。
- **父親感覺到，兒子的觀點層次**：又來了、有完沒完。
- **父親感覺到，兒子的期待層次**：可不可以不要再寫了？想要自己清靜。
- **父親感覺到，兒子的渴望層次**：不值得被愛。
- **父親感覺到，兒子的自我層次**：我很糟糕。

父母親都很驚訝，驚奇地說：「怎麼會這樣？那要怎麼表達呢？」

我思索了一下，寫了幾句話，向父親確認，那是他想表達的嗎？

父親說：「是、是、是，我就是這樣想。」

父親當場就將那幾句話，傳送給兒子了。

這對父母親，稱自己有了學習，會常練習如何表達。離開後兩個小時，他們來電話，激動地告訴我：「老師，你是神。我的兒子不只回信，還打了電話給我，說這週放假會回家……」

表達，讓他感覺到被愛

我請父親傳的簡訊，經過父親確認，他的確也這樣想。內容是什麼呢？

兒子，你今天過得好嗎？爸爸今天很想你。我今天跟一位老師談話，談到我對你的教育方式，我感到非常驚訝，可能對你產生了負面影響，讓我重新思考很久。爸爸很愛你，冬天天氣變化大，要好好照顧自己。

有的孩子會抗拒，「感受」上很彆扭、疏離、不安，甚至憤怒與沮喪；「觀點」上會排斥，並且不相信；「期待」上會混亂，不知道自己要什麼。「渴望」的層

次，可能是無價值感，不接納這樣狀態。

若孩子抗拒，那就是個歷程。

父母需檢視，自己過去的愛，是否帶著很多期待。愛無需任何理由，愛也不是一次表達，而是連續的應對——以此所形成的生命基礎，冰山才會有所變化。父母應該思索，該如何持續表達，讓孩子的渴望層次獲得連結。

很多父母都表示，若自己表達了愛，孩子卻抗拒，自己會感到委屈：「為什麼都是我……」若父母有此感覺，表示他們不愛自己，只是為孩子付出，或者只是有期待。父母自身的渴望層次，也因過往生命歷程而阻塞了。

有委屈的感覺、有受害者的念頭，即是不懂愛自己。那就先學會愛自己，再來學習愛孩子。

一個不懂愛自己之人，不容易愛另一生命。不懂得愛自己的人，對方接收到的愛，常常伴隨著壓力、負擔、不自由的感覺，那不是愛的面貌。

父母向小孩表達自己的愛，不是為了讓孩子靠近。如果只是想讓孩子靠近，期待孩子有所反應，那是在期待的層次。表達愛是讓人有連結，逐漸活出生命的力量。

李崇建談冰山之渴望

不到一百字的簡訊，兒子突然聯絡了。不妨設想兒子的冰山，讀了這一段話，冰山各層次會有何變化。

我設想，兒子的渴望層次，是感受到被接納與被關懷，因此願意主動聯繫，並且表示會回家。不妨想一想，兒子雖然不與家人聯繫，但是這半年來內心亦應糾結，冰山會是何種面貌。

這一百字的簡訊，沒有教訓意圖，沒有期待的壓力，沒有任何解釋，而是表達自己的想念，與自己對兒子的愛，並且回溯對兒子的教養，表示有了很多省思。相較於那些哏圖，或者說教與加油，這才是愛的表達。

邀請讀者們想一想，自己愛自己了嗎？表達愛了嗎？

對「糾纏的親屬關係」表達價值

一位工作坊的學員，成長期間辛苦，與母親關係糾纏，讓他身心感到疲憊。年過三十歲之後，他選擇保持距離，因為「母親很難搞」，他非必要，則不連結。除了居住地較遠，平常亦難得聯絡。母親若捎來訊息，他選擇冷淡以對，拒絕母親居多。逢年過節亦是形式，匆匆便離開老家。

他還有一位弟弟，跟母親關係糾纏，常跟母親發生衝突。弟弟選擇住在家裡，母子關係多摩擦，但仍跟母親靠近，對兄長頗多抱怨。他心中常感到愧疚，但說服自己「愛自己」，就允許自己疏離，但內在隱隱有痛楚。

愛自己而選擇與母親疏遠，這個選項並無問題，但關鍵是，**這麼做，他是自由的嗎？接納自己嗎？從他內在隱隱的痛楚，可知內在有遺憾與糾葛。**

上了工作坊之後，學員形容自己：內在某個能量開啟，覺得自己不必絕對以二分法決定關係：連結了就痛苦，麻煩就纏身了。

學員轉換觀點，覺得自己若自由，或者有意願，可以多接納母親，以更好的應對模式去回應母親，不必被母親綑綁。若自己感覺窒息了，仍舊可以選擇疏離。

學員與弟弟商量，想要邀集弟弟一家，還有自己的女友，與母親一同出遊兩天一夜，嘗試改變彼此關係，也重拾童年的回憶。

但是出人意料，母親拒絕遊玩的提議。這讓學員感到挫折，也感到非常驚訝，因為母親過去最想一同出遊。這一次竟然拒絕了他。

如何提出邀請？

學員想邀約母親，共同出遊玩耍，起心動念是為了愛，為了讓一家人更靠近，為了重拾往日甜蜜，而不是為了責任，也不是因為被逼迫，或是無奈的理由。

這是一分甜蜜的期待。渴望層次有了接納，也有了愛的連結，但如何表達給對方呢？

他從未邀母親出遊，他該如何表達，比較符合自己的心意呢？

我請他重新敘述，如何邀約他母親。他說：

媽，我跟弟弟要去旅遊，我們兩家人都去，還有我女朋友，你要不要一起去？

請設想，若自己是母親，跟兒子關係糾纏，近年來關係疏離，兒子提出這樣的邀約，身為母親，此時的冰山，會在感受、觀點、期待、渴望與自我各層次有何變化。

在母親的渴望層次，我認為她應感到：沒有價值感，不感覺被愛。

這個邀約看不到心意，因為邀請的語言是「要不要」。母親因此回應：「不要。」

學員問我：「要怎麼邀約呢？」

學員的工作是業務，是出色的銷售業務，因此我問他：「當你送禮物給客戶，希望對方倍感重要，感到被重視，感到客戶的價值嗎？」

學員立刻說：「這是當然的呀。」

我將他的邀約，改成送客戶禮物。請他試著想想，這個客戶與他有心結，他想要改變彼此關係。我邀請他聽這段話：「我這裡有個東西，你想不想要？我送給你……」

學員邊聽邊搖頭，覺得一點誠意也無。

我請學員設想，怎麼樣的邀約，能真心表達自己，讓對方感到有價值、感到被重視。他想了很久，覺得對媽媽表達，感覺非常有難度。

我幫學員歸納心意，確認是不是真心話，因此有了如下的表達：

媽，爸爸過世後，我們從來沒有旅遊，我很想跟你出去玩，回憶童年的時光。小時候全家一起出門，那時候我感到快樂。我與弟弟都盼望能跟你一起出去玩，我們都商量好了，下個月要去××兩天一夜。我希望你能一起去，那對我很重要。你願意一起來嗎？

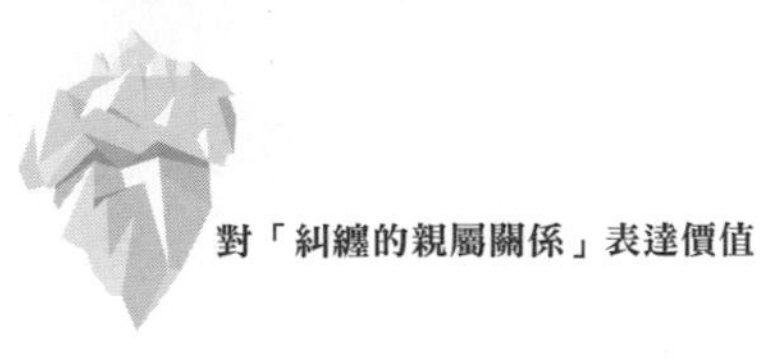

學員確認，這的確是他想說的，也能表達自己心意，但對於「**那對我很重要**」這句話，他說不出口。

我邀請他刪去那句話，保留其他句子。他以這樣的語句，再次去邀約媽媽。換了不同的說法，媽媽竟然同意了。

兩天一夜的旅遊，也有緊張的時刻，但是他有很多覺察，媽媽也有不少改變，不僅留下好的回憶，也讓他有信心靠近。

表達自己的真心，不是一種策略，而是真實反映自己。但是我們常與自己距離太遠，失去了表達自己的能力，對方感受不到連結，在渴望層次也無法感到被接納，更感受不到愛與價值，彼此就不能連結了。

對「憤怒且負氣的青少年」表達規則、界線、接納與愛

我與女孩認識兩年。女孩當時因為拒學，被輔導室介紹來，我每半個月與她談話。她感覺內在有兩個「她」，常在她心裡拉扯。她跟我談話的時候，有時會告訴我，是哪一個「她」在說話。但，無論是哪個她，我不用去分辨，只要接納她、愛她就行了。

初見面時，女孩坦誠地說了很多。她說自己不相信人，內在沒有自信，並道出受傷的成長經歷：童年時曾被老師呼巴掌，父母稍微嚴格，還曾被好友出賣，但她說

來並無憤怒，也不見絲毫難過。因為規條綁住她，她不能生氣，也沒什麼好難過。我們在這樣的情境下，慢慢談她的過去，談她的家庭背景，談她遭遇的傷痛。她漸漸內在有感覺，願意承認也接納自己。

女孩跟我日漸熟悉。她的父母都來談話，家庭有很多改變。父母願意讓孩子做自己，女孩漸漸願意回學校了。

表達拒絕與接納

二〇一八年的耶誕夜，一陣子沒聯絡的女孩，夜裡打電話給我，一開口便說：「我跟我媽鬧翻，我離家出走了……」

她去參加平安夜聚會，未料與母親爭執。她從教會跑走了，一個人在路上徘徊，不想回家，也無處可去。她決定打電話給我。

我關心她發生什麼事，心裡的生氣為何，怎麼決定不回家，想要去何處呢？

她陳述完自己的遭遇，在電話中要求：「阿建老師，我要去你家。」

「不行呢。我不能讓你來。」我沒答應她，但是，我的語氣並不冰冷。

「為什麼？」她帶著不解與情緒問我。

「我不讓人來家裡呢。這是我的原則，因為我不喜歡，而且也不方便。」**我將自己的界線、訊息告訴她**。

「那我現在要去哪裡？」她接著問我。

「回家。」她未滿十八歲，監護人是爸媽，回家是唯一選擇。

「但是我不想回家，我不想見到我媽。」女孩負氣地說。

「你生她的氣，是哪一點呢？」這是在情緒裡工作。

「她每次都……」她開始一連串抱怨。

「我記得你上次說，她有了很多改變，你也有很多改變，對嗎？」

聚焦在改變的事實，確認目標曾達成。

因為目標曾經達成，所以能拉開來看全貌。不困在此刻的挫敗，也就有了接納，亦是滋養價值感。

「可是……」

「聽來你們都有進步，朝向一條更好的路。那是你要的嗎？」

重新確認目標，是否一直是她要的，這是從全貌看期待。

「是我要的。」她立刻回答。

「能有做不到的時候嗎？無論是誰做不到。媽媽有做不到的時候，你也有做不到的時候。」

這句問話在邀請女孩，看見自己與接納自己，並且接納現實狀態，讓渴望層次多了連結。

女孩沉默了。

「以前你最討厭她不說。你寧願吵架，也不想冷戰、不說話，對嗎？」

「對呀！我討厭她都不說，只會逃避而已。」女孩一直想讓父母改變，想讓彼此關係改變。

「看來她改變了。你一直鼓勵她，若是說出意見，最多就是吵架，現在你們就在經歷吵架。如果她改變了，你卻選擇逃開，用不回家來面對，就浪費你的努力了。」

此刻，你還可以嗎？如果你很累了，那就休息一下，比如打電話給我，這就做得非常好。或者，你也可以跟她表達，你想先冷靜一會兒，明確告訴她需要冷靜多久，這樣是不是比較妥當？而且你未成年，夜裡離家出走，並不是負責任的行為。」

女孩沉默了一會兒，說：「那現在呢？我該怎麼做？」

我並不急著表達指令，而是關心她此刻的冰山。

「你現在心情如何呢？」

女孩說：「我現在好多了。」

我繼續照顧她的內在。

「是怎麼會好多了？」

女孩說：「其實我們都有進步，只是又吵架而已。」

我很讚賞她：「**你一路走來，我為你感到驕傲，因為這不是容易的事。我待會兒打電話給媽媽，請她主動聯絡你吧。她應該也很心急。**」

女孩同意了我的提議，讓母親接她回家了。

後來，女孩順利畢業了，也考上理想的大學。我們偶爾還聯繫。多年後，她再次

見我。我們提及那一夜。她說那一夜的記憶很清晰，她一直記得那畫面，是她發生重大轉折的點。我沒再多問她心路歷程的轉變，只為這位女孩感到尊敬。

這通電話中，我表達了界線，也提點規則與責任，更表達對她的欣賞。中間穿插以好奇，將她的歷程與目標放入，一步步聯繫她的渴望。

不妨設想，如果你是這位女孩，與我對話時，內在的冰山會有什麼樣的流動。

對「拒學的孩子」表達接納與愛，透過回溯，重新連結

父母來參加工作坊，目的是為了拒學的孩子。

十四歲的男孩，中二開始成績下降，跟父母的關係也鬧僵，索性不去上學了。男孩的房裡有洗手間，他連房門都不出，每天窩在家上網，玩網路遊戲、打怪。玩累了就躺在床上，也不出來吃飯。

父母將飯端到門口，男孩會在適當時間出來，將飯端到房間吃，再將空飯碗擺到門口。若是父母進入房間，就會引來孩子反彈，若非破口大罵，就是威脅要輕生。

情況已持續半年，父母束手無策。

父母請來談話專家，但敲門、喊門，孩子都不應。若是叫喚他太久，就聽見孩子說：「滾！」

成長的歷程

很多人想解決問題，卻忽略問題的成因。

我跟這對父母談了一些，了解父母關係不和，父親長期忙於工作，教養工作落在母親身上。母親也有自己的事業，除了課後班補習，也請家教陪孩子。母親將孩子保護得挺好，不讓孩子吃苦做家事，又對孩子有諸多管教。家裡面沒有對話，孩子只有「接收」訊息。

母親看重孩子的功課，希望孩子好好讀書。據母親表示，孩子聰明，但上了明星中學之後，也許功課壓力大，覺得自己跟不上同學，導致不願意上學。

男孩拒學的歷程，也許與下列有關：父母重視功課、幼年常被誇讚、不懂得面對失落、父母與孩子連結少、平時多寵與多掌控。男孩一旦成績滑落，內在可能低自我價值，不接納這樣的自己。

父母的對待方式，並未讓孩子與自己連結，亦即孩子在渴望層次上，需要事情能做好，表現得較完美，才會感到自己有價值。一旦期待不被滿足，渴望層次就不連結，比一般人衝擊還要大，行為端容易有上癮症。

孩子失落時，父母如何表達愛？如何表達接納呢？又，如何讓孩子感到他有價值？若父母少跟孩子對話，亦少在孩子失落時表達，又常常高保護、高期待，孩子受到挫折時，內在的力量就弱了。

母親說以前常指責，常常要求孩子，也常常說道理，這是指責、超理智的姿態。自從孩子拒學之後，父母百依百順，怕孩子想不開，卻成了討好姿態。

我邀請父母改變彼此的關係，在家經營生活面貌。吃飯時如何喚孩子，孩子不吃飯時又該如何，並且協助父母不自責，讓父母與自己的生命力連結。

單純表達愛與關懷

若孩子始終相應不理，該怎麼辦呢？

我邀請父母，每天邀請孩子吃飯時，精簡地表達自己：表達自己的關心，而不是表達擔心。表達自己的愛，而非表達自己的期待。

不再將飯放在門口，而是告知孩子，飯會放在桌上，過了時間會收起來，但告知孩子餐點放在冰箱，或者櫥櫃裡，請孩子動手微波。若孩子出現反彈，要接納孩子的情緒，並且懂得表達。

每天敲門跟孩子談話，如果孩子不開門，就隔著門跟孩子表達。但是要避免討好的語言，避免討好的語態，要真誠一致地表達。比如：

吃飯時間到了，爸媽希望你一起吃，爸媽想你了。

你半年沒出房門了，你的健康還好嗎？爸爸很愛你。

今天爸爸需要出門，有人會來家裡修燈，你可以招呼他嗎？爸爸需要你幫忙。

最困難的部分是：該說的都說完了，父母感覺詞窮了，不知道還可以說什麼。那真是「愛在心裡口難開」。

我邀請他們，透過往事表達。也就是回溯過去的事件，比如過去對待孩子嚴厲，或者曾愛他的事件、他曾愛父母的事件，在事件中敘說愛的連結。但不以道歉的姿態，而是在事件中從感受、衝擊帶出來，簡短地敘說往事，再表達對孩子的愛。

比如：

小六那年考私中，你的壓力一定很大吧？我那一年都疏忽了，沒有好好關心你，只是要你加油，我就忙著去賺錢了。我應該多跟你談談話。

中一期中考試，你的成績落下來了，媽媽罵了你兩句，我不知道那時候你的心情，我猜你應該很沮喪。其實我關心你，勝過於關心成績。

你五歲的時候跌倒了，膝蓋破了一個傷口，你竟然都沒有哭，我當時還稱讚你勇敢，想想你應該很痛。我也很關心你，但是我竟然沒說，只想把你訓練堅強。我真是忽略你了。

這些表達之後，孩子可能會憤怒，訴說當年如何如何。我提醒父母，「這就是進步了。」

德蕾莎修女說：「愛的相反詞不是恨，而是冷漠。」孩子長期疏離、冷漠，他跟自己疏離，跟自己不連結，也跟家人冷漠，生存姿態是「打岔」。回溯往事，挑起情緒流動，就是生命力的流動。重點是父母的應對，能回應以好奇與關懷，給予愛與接納，有助於孩子跟自己連結、與父母連結，進而與社會連結。

父母在工作坊學習，下課便與我交流。練習如何照顧自己，也練習如何表達。前幾天父母很沮喪，因為每次一敲門，一開口邀約孩子，就被孩子憤怒地回應。我請父母告訴孩子：「**媽媽知道你生氣。但你不能這樣罵，這樣很不禮貌，也會讓媽媽更不理解你。**」

爸媽努力了八天，出現了一個變化。

孩子在第八天開門了。孩子坐在客廳要吃飯，頭髮已經很久沒剪，滿臉憔悴的樣子。那天母親陪他吃飯，就像什麼事都沒發生，聊著日常生活的瑣事。

媽媽來信問我：「該如何讓孩子剪頭髮？」

我請媽媽先放下期待，讓孩子能感受到愛，並且能多以好奇互動，建立更好的連結，並且要懂得覺察自己，少一點指責、說理與討好，多一點兒好奇、對他表達關懷，但避免期待帶來壓力。

孩子離開房間之後，僅僅兩個月時間，又重新回到學校就讀了。我提醒父母親，家庭的面貌需改變，不然很容易回到過去，孩子的狀態也可能復發。

我在台灣、香港、澳門、大陸、新加坡、馬來西亞與美國講座，所有華人地區都有拒學個案，我自己也曾帶領拒學的孩子。此篇以簡單的陳述，敘述拒學有其成因。如何挑起孩子的生命力，雖然方式各有不同，但核心價值都相同，即是讓孩子感受到愛，至於語言的表達如何落實，讓家長與教師參考。

對「太多愛的長輩」表達愛與價值

二〇一八年五月分，瑪莉亞．葛莫利老師來台灣，我應邀與老師對話。瑪莉亞是我的老師，她邀請我們以舞台呈現日常生活的應對姿態。只要人與人相處，就有相應的應對姿態。這些應對的姿態，是為了讓自己存活，而發展出來的姿態，因此稱之為「生存姿態」。

我呈現了一個日常，那是我與母親之間，早餐桌上的一幕。

母親是我的繼母，她從大陸嫁來台灣，當時我已經三十歲了。母親對我很疼愛，雖然我已經成年，她仍想盡慈母責任，希望孩子們感到溫暖。

她每日烹調三餐，盡量煮得可口，煮我愛吃的食物。她想表達一分愛，一分看重我的心意。

除了過年過節，獻上紅包、禮物，我能回報什麼呢？我每天與母親聊天；每餐吃完飯，我必定收拾餐桌，到洗碗槽去洗碗，參與家裡的家務。但母親總對我說：「大男人不要下廚房。」

母親的表達，是當我洗碗時，她內在的觀點，也來自「愛我」的期待。一旦我聽從她的指令，家中又無人幫她，她內在的觀點就變成「沒人幫忙」，心裡反而感到委屈。這些都是渴望不連結。所以她的期待很複雜，常讓人不知如何應對。

我學習薩提爾模式之後，已經了解，冰山圖像會受過去歷程的影響。因此，我仍堅持洗碗，也覺得是家人的責任，更是一分體貼的心意。我幽默地回答她：「我是男子漢，可以容天下，可以納廚房。」

母親開心地讓我洗了。

人不懂愛時，愛讓人負擔

「早餐最重要，一定要吃得好。」這是母親的話。她經過苦日子，曾經三餐不繼，如今能過上普通日子，母親準備早餐總特別豐盛。她常煎荷包蛋、水煮蛋，經濟實惠又營養的食物。

我經常回家裡住，陪父母親談話，採買日常生活所需。家中常是父親、母親，還有我三個人。父母都喜歡吃蛋，我在家的日子裡，母親早餐常準備六顆蛋。她認為早餐兩顆蛋，營養會更充足。

我一顆蛋就足夠了，常表達蛋別多吃，膽固醇會太高，有礙身體健康。母親則不斷勸食，表達已經準備，不要浪費食物。當我表達一顆足夠，母親會不斷說：「快吃吧，沒事。都已經煮了。」

起初我很配合。偶爾吃兩顆蛋，我覺得應無大礙，且母親煮飯不易，花了時間與精力，我遂將蛋給吃了，但是不忘表達自己：「媽，明天我只吃一顆，別再煮兩顆蛋了。」

母親總是回答我：「沒事！吃吧！」隔日的早餐桌上，又是一人兩顆蛋。

我很正經且專注，再次表達：「媽，明早我吃一顆蛋。多了，我就不吃了。」

母親的回答都是：「知道了。沒事。吃吧！吃了營養。」

但隔日又是兩顆蛋。我若堅定不吃了，母親便告訴我：「多吃長力氣，能增加營養。」

我堅持推辭不吃，母親會這樣說：「菜不要剩下來。如果你不吃，我就吃了啊？」

我跟母親表達：「擱著，別吃吧。下一餐再吃。你年紀大了，蛋吃多了，膽固醇太高，反而不健康，對身體不好。」

母親接著說：「那你吃了吧？你年紀還輕，吃了長力氣。」

學習了薩提爾模式，人要為自己負責，我學會讓她負責。當我表明不吃了，母親若說「如果你不吃，我就吃了」，我便不再勸她，跟她說：「媽，那給你吃吧。」

母親接下來又說：「我已經吃了兩個，再吃就三顆蛋啦？」

這真是讓我愁苦，感覺世間道艱難。早餐竟然成了噩夢，常陷入吃與不吃的選擇。無論吃與不吃，內心壓力都如山大。

這是餐桌上的應對，一旦長久成習慣，吃飯就成了負擔。若不是順從母親，就是學會逃避回家，或者跟母親嘔氣，甚至大吵一架。

在這樣的背景下成長，會對愛產生誤解。認為愛讓人有壓力，誤解人世間充滿無奈，可能就不敢選擇愛了。

連結自我，才能連結他人

母親怎麼會執意如此？這來自她的成長歷程，還有她應對中的執著。

我表達觀念、認知與期待給她聽，她並未真正聽進去。她認定的善與愛，自有她展現的面貌，他人很難輕易更動。很多成長艱辛的人，會有這樣的固執。

當我能理解她的歷程，無論早餐的面貌如何，我都能夠接納她，也能接納自己。我若整理了自己，就不會覺得不耐，也不會覺得煩躁，能感受到自己的價值，也能接納自己吃蛋，或者不吃蛋，我就是自由的人。

因此，我決定整理自己，好好地表達。

有人會有疑問：「前面的陳述，不是已好好表達嗎？」確實，我都有好好地表達，但是**只表達了自己，而不能深入對方心中。**

關係是雙向的互動，表達自己的同時，如何連結對方呢？

設想母親花費時間，費了很多心力為你煮了一餐飯，你卻表達自己「不要」。試著想想母親的冰山會有什麼感受、觀點、期待，她的渴望層次又如何？她的渴望層次不連結，引發的觀點會負面，感受上諸多失望，應對上就顯得疏離，或者諸多衝突了。

所以**好的表達，不只是說自己，更要能連結對方，連結對方的渴望**。

不只在家庭關係，在社會上的關係，也同樣是如此。

比如業務員，我閱讀很多傳記，關於銷售員的故事，也認識不少傑出的業務，都具有這樣的特質。設想業務員銷售產品時，若只會介紹產品優點，不懂客戶的需求，也不能連結客戶的深層渴望：價值、意義、安全感、信任感……如何能銷售成功？

比如公司主管、單位的領導者，學校的老師、社工在家庭訪視時，客服應對客戶投訴時，甚至宣傳文案上，都需要表達規範，亦需要深入連結，才能擁有長久也穩定的關係。因此，我曾設計課程，說明如何在短時間內表達自己的訊息，並且深入與對方連結。

與對方連結的重點，在於自己不委屈，看重自己的價值，並且接納任何的結果，這才能與對方深入連結。

一天，早餐用畢，我去廚房洗碗，母親在一旁與我閒聊。我問母親，嫁來台灣，兒女與親人都在大陸，會不會感到不習慣？母親一陣客套之後，說到自己孤單，跟父親之間的紛爭……

我轉而問母親，怎麼還盡力照顧我們？這句話的話鋒轉進，正是連結母親的愛，也將方向談到早餐。母親為我們做飯，正是她認為的「愛的表現」。這些話並非策略，而是我真實的感想。

母親訴說她的責任，訴說父親也很好，就是個性上倔強……

我對母親說：「媽，你對我們真好，一直這麼愛我們，為我們煮飯、洗衣服，我們占了家鄉兄弟們便宜，得了一個母親。」

母親慈愛地說：「你們從小就沒媽，沒有人照顧你們。當時年紀那麼小，你親媽怎麼捨得狠心放下你們……我很心疼你們呀！尤其是你呀，阿建，家裡的大小事……」

我停下洗碗動作，專注地聆聽她說話，並且好奇母親：「一般的後媽，不會這樣想。你跟一般人不一樣。」

母親聽我這樣說，紅了眼睛，眼淚就流下來了：「阿建，我一直拿你們當自己孩子。我小的時候……」

母親開始陳述自己，她從小就是個養女，在生活裡飽受委屈，想著擁有自己的家庭，後來嫁給她前夫，生了四個孩子之後，前夫卻在壯年過世，四個孩子頓時失去天倫。

我很專注地聆聽這些。她之前也對我說過，這些都是她的歷程。

我表達對她的看見：「媽，我一直都感覺到你的付出、你對我們的愛。」

母親對我說：「幾個孩子裡面，我最疼你了。你付出最多……」

我只是常住家裡而已，最常跟母親說話。我將話題轉到早餐：「媽，你三餐煮那麼豐盛，都是為了照顧我們。」

母親轉淚為笑說：「那是當然啦。做媽的，當然要照顧你。」

我轉到早餐話題，看似是談話策略，實則是從內在接納，到外在聚焦的方式：「每天早餐吃飯，你為我準備兩顆蛋，是怕我營養不夠吧？想讓我吃好點兒吧？」

母親很有責任地說：「那是當然啦。你每天這麼忙，沒有營養怎麼行？」

此時，我將困難表達出來：「媽，但是我只吃一顆蛋，多了，常吃不下，有時會有負擔呢，這樣會不會對不起你？」

母親立刻回應：「不會。每個人都有飯量。我以後都煮一顆，那不就沒事了嗎？」

母親表達完，我還要照顧她：「媽，這樣你會不會委屈？為我想了這麼多，但是我吃不下，沒有接受你的好意。有時候還讓你多吃，我又擔心你的膽固醇。」

母親握著我的手：「沒事。愛你，也要看你的需求，你說，對不對？」

「謝謝媽。以後我想多吃，再提前跟你說。」

「好勒。只要想吃，你跟媽說，媽就為你做。」

母親為何要為我煮蛋呢？為了表達她的愛。我能接受她的愛，但不一定需要兩顆蛋。所以，只要讓她感受到，她是有價值的、是被接納的，她的渴望層次就連結，而不會執著於以此表達愛了。

這是一個潛在的心靈活動，只是透過語言來表達與連結罷了。

對「情緒不穩的孩子」傾聽、分享與表達

我主持了一場演講，在步出演講廳時，聽見外面有人爭執。

一個男孩正嚷嚷著，聽起來語氣很急，大聲解釋著什麼，話語中也帶著批判。

主辦人陪我步出課室，對我說明男孩是義工，請他幫忙代訂餐盒，但餐盒數量有出入，有人沒吃到飯，有人沒預訂卻拿了，起因於前置溝通不良。

主辦人說出自己的用心：男孩只有十九歲，有躁鬱症的狀況，已經停學一年了。

男孩完全沉迷於網路遊戲，沒有再繼續學業。他的情緒常不穩定，不感覺自己有價

值。這一次特地安排他來，是想讓他在課堂上聽課，也跟我多一些連結，看看是否有些學習。

我上前詢問男孩，還好嗎？他來當義工，是不是困擾了？有沒有被誤解？

男孩跟我抱怨，預訂餐盒的人沒有照程序來，他感到很困擾，又讓預訂者沒飯吃，他感到很過意不去。

我聆聽他的困難，稱讚他願意幫忙，且遇到這些惱人的事，他仍然負責任。我問他需要什麼幫忙。

男孩說自己搞定了，接著好奇地問我：「老師，你說你以前不學習，成績也不好，這是真的嗎？」

我在講座時提過，因此點點頭。

男孩很感興趣：「你以前玩網路遊戲嗎？」

我也很好奇男孩：「你怎麼想知道呢？」

男孩在課堂旁聽，學得很快速：「因為你說要好奇呀！我真的很好奇，你玩不玩網路遊戲。」

我稱讚他學習快，也接著問他：「怎麼會特別想問我？關於網路遊戲，而不是其他的部分。」

男孩這才笑著說：「因為大家都告訴我，要我別沉迷網路，所以我也想知道你玩不玩。」

我理解了男孩的訴求。我說起我求學時期，沒有網路可以玩，但是我沉迷電動遊戲，總是在裡面耗掉時間。我談到那時的壓力，還有當時的孤單……

男孩推著眼鏡說：「老師，我懂你的感覺。別看我一臉笑嘻嘻，我的孤單沒人知道……」

我問男孩關於他的孤單，從什麼時候開始。男孩的回憶拉到幾年前，不被老師與同學了解，有了輕生的念頭。他在家裡也感到孤單，進入網路世界才有朋友，但是他也感到空虛，他並非一定要玩遊戲。

我與男孩聊了甚久，聊他的困惑與挫折。分開時，他呼了一口氣，他很感謝我來此地，說很少有人這麼有耐心，聽他把話好好說完。我想著他的孤單，他父母離異了，跟著母親過日子，但母親忙於事業，無暇陪他說話，直到最近學了對話，母親有了一些改變，所以他感謝我。

表達愛很重要

隔天開始三天的工作坊，男孩一邊當義工，一邊進來教室聽課。他低著頭坐在角落，若有所思地聽著。

三天工作坊結束了，我還未步出教室，男孩過來搭我的肩，問我，能拜託我一件事嗎？我要他說來聽聽看。

他想要表達一件事，且要當著媽媽的面，也希望我在現場聆聽。因為他媽媽很尊敬我，如果我在現場陪著，媽媽才會好好聽完，而不會打斷他講話。

這個男孩太可愛，可見他心中的孤單已經長期累積許久，難怪他情緒會暴走。因為沒人理解他，從小沒人聽他說話。

我答應男孩的要求，媽媽也答應聆聽。我們站在教室出口，還有幾個未離開的學員，也在一旁看著這對母子。男孩非常大方，表示自己並不介意，雖然雙手互相搓著，他承認有點緊張。

男孩到底要說什麼呢？他說著家裡的互動，都是日常瑣碎的雜事。男孩邊說邊停頓。

我跟男孩核對，這些是他要說的嗎？他都搖搖頭，說不是。我便耐心等待他。

男孩深呼吸了一下，調整了自己的動作，彷彿向女孩告白一般：「我希望媽媽不要對我感到愧疚，因為我沒有去上學，每天都在打遊戲，情緒也控制不好……」

我聆聽男孩的聲音，等男孩說完了，我問男孩：「媽媽愧疚會怎樣呢？」

男孩眼眶頓時紅了：「如果我媽感到愧疚，我也會感到愧疚，全家人都陷入一種漩渦，氣氛就變得很奇怪，壓力就會變得非常大。」

我想知道得更深入：「你怎麼知道媽媽感到愧疚，是媽媽告訴你的嗎？」

男孩想了一下子：「媽媽以前比較忙，不太管家裡的事，說話的時候比較急，也不願意好好聽我說。現在媽媽還是會打斷我，但是她整個人改變了，變得比以前好很多，待在家裡的時間比較長，也比較聽我講話了……」

我很好奇，跟男孩核對。「你的意思是，你看到媽媽改變了，可能是因為她愧疚嗎？」

男孩點點頭。

我還是不明白。「現在家庭氣氛不好嗎？你剛剛有提到，如果媽媽愧疚，家庭氣氛就不好。」

男孩趕緊澄清：「那是以前的事了。我擔心媽媽愧疚，又會跟以前一樣。」

至此，我明白了。「所以，媽媽沒有說，只是她的改變讓你有這樣的擔心，對嗎？」

男孩開心地說：「對、對、對。」

我接著再問一句：「你喜歡媽媽的改變嗎？」

男孩點點頭說：「我很喜歡。」

「所以你的意思是，喜歡媽媽的改變，喜歡媽媽現在這樣，但是擔心她有愧疚感。因為你過去的經驗，她如果感到愧疚，家庭就會陷入漩渦，是這樣的意思嗎？」

男孩拍了一下手，說：「就是這樣子。」

男孩過去少跟人互動，他的表達需要被傾聽，也需要更多核對。若是無人傾聽，或者曲解他的意思，他的情緒就只好爆炸了。一般人常說「情緒障礙」，其實情緒的成因，很多是後天環境使然。

我繼續問男孩：「媽媽說了什麼、做了什麼，讓你認為她感到愧疚？」

男孩想了很久，經過核對之後，他說出幾件往事，關於媽媽的犧牲，媽媽會自責，還有媽媽並不愛自己……

我在期待處、渴望處核對：「你的意思是說，你能感受到媽媽的愛，但是不要用愧疚的方式，你希望媽媽愛自己，是這個意思嗎？」

男孩點點頭，眼淚從臉頰滑下來說：「就是這樣子，完全沒有錯。」

我試圖讓母子連結：「你曾經認真地、專注地、清楚地跟媽媽說過嗎？關於你感受到她的愛，還有你期望她愛自己？」

男孩眼淚很多，擦了擦臉頰說：「我沒有這樣說過，從沒有這個機會。」

我很感嘆這一幕：「這樣太可惜了，你有這麼美好的心聲，我邀請你看著媽媽，專注地對媽媽說，你剛剛說的那一段話。」

男孩反而尷尬了：「有這個必要嗎？」

「你剛剛說沒機會，所以我邀請你說。你可以選擇要或不要。」

男孩自動轉身了，認真地對著媽媽，很專注地說剛剛那一段話。

男孩很誠摯地說完，彷彿鬆了一口氣，媽媽已淚流滿面。一邊的學員也落淚了。

我轉頭問媽媽，心裡有什麼感覺，有什麼想法要說。

媽媽說，感受到了孩子的愛，她知道可以怎麼做。她也很愛男孩。

我邀請媽媽對男孩說，認真且專注地說。我拉著媽媽的手，也拉著男孩的手。我讓媽媽牽著男孩的手，說出那一段感想。

男孩很害羞，感到不自在地說：「一定要這樣嗎？」

我仍然讓男孩自由，但我表達自己的期待：「我希望媽媽牽你的手說話，但是你可以拒絕。」

男孩並沒有拒絕，反而緊緊握住媽媽的手，聽完媽媽說話。媽媽將手伸回來的剎那，男孩趕緊說一句話：「**再握久一點！再握一次吧！**」

現場的學員笑了，笑出了淚花兒。

此時，男孩深呼吸一次，吐出很長的一口氣。他說：「**終於有人聽懂我了。**」

家庭裡最重要的是愛，是彼此能互動、分享，彼此能健康連結。如果男孩從小就被傾聽，家人有多一點好奇、多一點互動、多分享一點愛，男孩就少一點孤單，不會覺得不被理解，不會常情緒暴走，不會遁入網路世界，也許也不會因此停學了。

對「未守承諾的孩子」表達接納與關懷

一位媽媽來聽演講，表達教養的困難：她已經用「好奇」對話了，孩子依然故我。孩子怎麼了呢？媽媽提到「依然故我」，那是帶著批評的詞。

她帶著女兒來，投訴女兒不認真學習，浪費大量時間上網。媽媽雖然學了對話，但是用在女兒身上無效。

十六歲的女孩，站在媽媽身邊，看來想逃離現場。她不斷望向窗外，臉上顯露不耐煩。

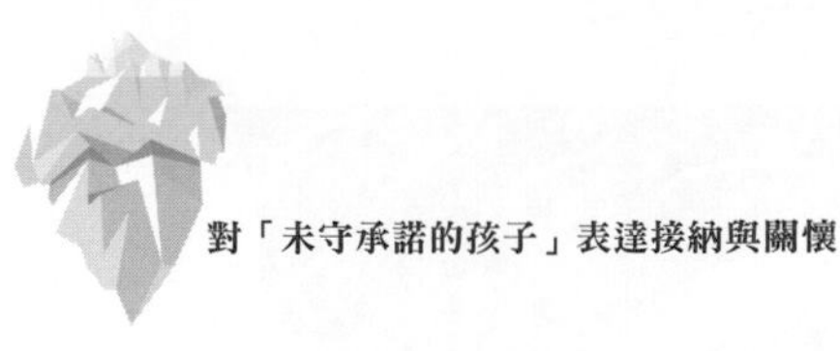

目標導向期待，就難關心人

媽媽遞了張紙條給我，上面記錄了母女對話，看來這是認真的媽媽。

媽媽：「媽媽有話想跟你談，可以嗎？」

女兒：「你要說什麼？」

媽媽：「你不是答應媽媽要減少上網的時間嗎？」

女兒：「對呀！」

媽媽：「但是你最近上網的時間又變長了。」

女兒：「有嗎？我覺得還好。」

媽媽：「像昨天一直掛在網路上，喊你吃飯，你也不吃。」

女兒：「我知道了。」

媽媽：「你不能總說知道，但是做不到呀。這樣是不守信用吧？」

女兒：「你每次都這樣，很煩欸，我又沒有⋯⋯」

媽媽：「如果你都遵守承諾，又怎麼會覺得我煩？」

女兒：「我又沒有不遵守。你為什麼只會罵我？」

媽媽：「我剛剛哪一句罵你了？是你罵我吧？」

女兒：「你先這樣說的。每次你都這樣。」

媽媽：「我又怎麼樣了？我就事論事，不是嗎？」

我看完了紀錄。媽媽跟我訴苦，補充說明她的困難，她已經盡力了，用好奇對話，但是女兒「依然故我」。

我問媽媽關於這段對話，目標是什麼呢？

媽媽回應：「讓女兒遵守承諾。」

談話的目標，決定著對話的品質。媽媽的目標，若不是關心女兒，那麼對話常難以為繼，女兒也不容易改變。

當媽媽的目標，是讓女兒遵守承諾，起手勢的問話：「你不是答應媽媽要減少上網的時間嗎？」這句帶著質問的語句，會讓對話一步一步推向死胡同，短短幾句話進入「爭辯」。

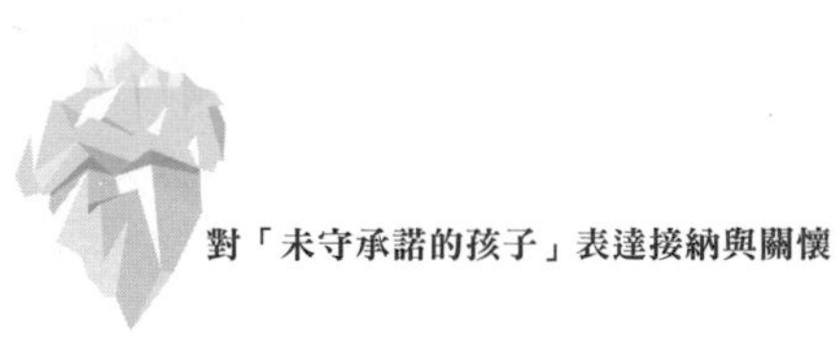

媽媽的問話，可視為解決問題，或者導向自己期待，但都是對話的地雷。若對話的目標不是關心，探索對方發生了什麼事，問題通常也難以解決。即使解決了，也如打地鼠一般，問題又會從他處衍生。

沒人願意沉淪

女孩站在一旁，看來很不耐煩。

我沒有跟媽媽說明，直接詢問女兒：「你還好嗎？」

女孩沒有回答我，一股煩躁的表情流露在身體反應上。

我接著關心她：「媽媽這樣說，你會感到煩嗎？」

女孩哼了一口氣，開始了抱怨：「她每次都……」

待她說到一個段落，我核對這些不好的經驗：「她以前常這樣說呀？」

女孩顯得更生氣了：「對呀！她每次……」

這裡的對話要素，使用的是好奇、傾聽、回溯。在她的抱怨裡，點出她的情緒，讓她說她的生氣、委屈與受傷。這是讓她述情，感覺自己被同理。

我同理了之後，問她：「那你怎麼辦呢？」

這句話是問過去的應對，能讓我理解更多，也讓女孩自我覺察，感到被更深的理解。

女孩彷彿訴盡痛苦，反而嘆了一口氣：「我只好不講話呀，也故意不想離開網路……」

我挺驚訝這個答案，但也深知很多青少年都有這樣的內在運轉。**父母的「壓力」，並未讓孩子脫離沉痾，反而會強化「負向」行為，也就是女孩說的「故意不想離開網路」**。

女孩說的這句話，是冰山內在的運作，正是對話切入之處：「你是故意的呀？你本來不想一直掛網呀？」

女孩沉默、不說話。

這裡的沉默是停頓，去經驗她的內在。

我猜女孩很難回答，但我正等著這答案。因為女孩提到「故意不想離開網路」，可

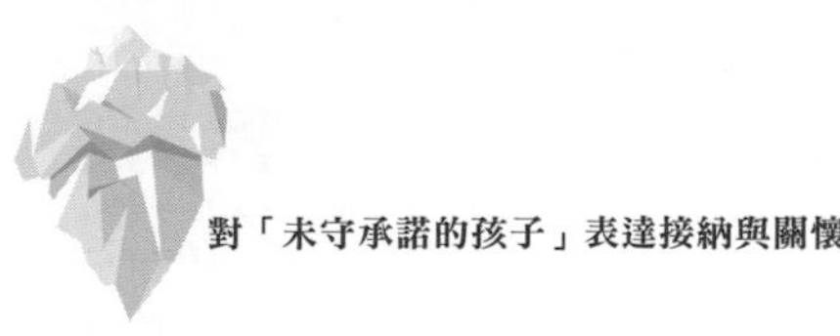

能心裡想「離開網路」，但行動上「並未離開網路」。當我問女孩：「本來不想一直掛網呀？」正是敲中一塊磚，那裡面是一部分自我，只是她並未真實靠近「沒有離開網路」的行動，所以她沉默了。

冰山的對話脈絡，最有趣的是「聽見」與「看見」：聽見內心深處的訊息，看見潛藏體內的光。那是一種幽微的訊息，通往生命力之處，就是人的「渴望」。

我停頓了一會兒，接著問她：「如果媽媽不是這樣說，你會有什麼變化嗎？」

女孩又停頓一會兒：「我本來就想關電腦了。」

這個念頭是確實的，是她很多念頭中的一束。薩提爾模式的「正向」，我常導入這一念訊息，帶領女孩去覺知。

我接著深入問她：「你怎麼想關電腦呢？媽媽知道你的想法嗎？」

這句話是深刻理解，這是她的一部分，只是未經顯化而已。當我帶出這句話，她會觸及渴望，感到與自己的連結，這就是幽微的訊息。

女孩這時候啜泣了。

我猜女孩的哭泣，是為了這個訊息，她正向的一面，沒被媽媽看見，也沒被自己看見，亦即渴望不連結。正因為不連結，所以她沉迷網路，想離開而未離開，身心並不自由。

女孩斷續地說：「我也不想這樣，又讓媽媽失望。」

站在一旁的媽媽，眼淚也滑落了。

女孩觸及渴望，生氣被跨越了，感到對媽媽抱歉，媽媽因此落淚。兩人此處有連結，我問話的方向，從關心女孩的內在，轉向使母女關係前進。

我停了一會兒，讓她們內在流動，這時冰山已是新的狀態。

我接著問女孩：「媽媽正在學習對話，想改善與你的關係，你有感覺嗎？她有沒有改變？」

女孩點點頭，看了媽媽一眼：「媽媽有改變很多。雖然她還是很急，有時候也會罵我。但是她真的改變了，以前她不會這樣說話，我也不想和她說。」

女兒的這番話，正是一種表達，表達出「看見」媽媽，對媽媽的肯定。

媽媽牽起女兒的手，立刻也補上一句：「你也改變很多了。對不起，我還是心太急了。」

女兒聽了，瞬間哭了。

兩人此時的表達，彼此更靠近，也更有力量。我將對話拉至主題，談回最初的網路問題。

我問女孩：「媽媽前面說，你最近上網的時間比較多，有嗎？」

女孩點點頭說：「有。」

我關心女孩：「發生什麼事了呢？」

女孩回答：「我也不知道，感覺很煩，不想讀書。」

我核對女孩的訊息：「你是說不想讀書，所以你掛在網路上嗎？」

女孩點點頭：「嗯，我感覺壓力很大。」

我與女孩繼續對話，進一步核對：「你壓力很大呀？這是最近的事，還是一直以來，你的壓力都很大？」

女孩思考一下說：「好像都有。一直以來都有壓力，但是最近更大。」

我本想深入問她，探索她的壓力，因為什麼而形成，她如何覺知、面對她的壓力。

但這是臨時的談話，在演講之後的提問，女孩回答後，我意識到需要更多時間，因此問完後，我臨時改變了想法，決定不深入探問，而是選擇另一個方向：在壓力之下，母親與她的應對。若在壓力下，母女都能有好的應對，就有助於母女關係，對女孩也會有幫助。

我在此處的說明，可以看見對話的方向。目標想要將人帶往何處，就會決定如何問話。

我問女孩：「當你有壓力，你可能會掛網太久，這時媽媽可以做什麼，比較不會增加你的壓力呢？」

女孩思考了一下，說：「**媽媽拍拍我的肩，或是抱一下我，我就會知道了。不用逼我離開，也不要一直問。**」

我跟女孩確認：「這樣就行了嗎？對你會有幫助嗎？」

女孩又進入沉思，才緩緩且感性地說：「這樣算是提醒。我會覺得媽媽懂我，壓力會減小很多。」

女孩很感性、細膩，對自己的覺察與表達都無比清晰。

我轉頭看著母親：「媽媽，女兒的提議，你覺得可以嗎？」

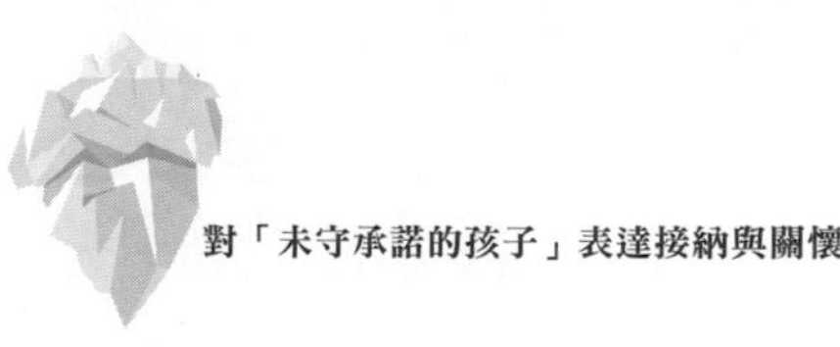

媽媽點頭，趕緊回答：「可以，可以。我也會提醒自己，不要那麼心急。她真的變滿多了。」

我手上拿著那張紙，好奇地問母親：「你剛剛要解決她的上網問題，希望她遵守承諾，怎麼現在可以了呢？」

「我真的太心急了，又變成過去的方式。」媽媽不好意思地說著，看了女兒一眼。「而且，我真的很愛她。她也真的很努力了。」

女兒聽媽媽一說，頭低下來了。

我邀請媽媽，能不能認真地對女兒說一遍，當女兒上網太久，她會怎麼做，也請她表達對女兒的看見與愛。

媽媽轉身面對女兒，很專注地說：「妹妹，媽媽很愛你啦！有時候媽媽太心急了，你提醒一下媽媽。」

媽媽擁抱了女兒一下，女兒的眼淚滑落了。

我請媽媽告訴女兒，當女兒掛網太久，會做什麼行動呢？

媽媽想了一下說：「媽媽會拍拍你肩膀，知道你壓力大了。」

女兒的眼淚更多了。媽媽笑著流淚，拍著女兒的肩膀，這是一幅愛的畫面。

我感謝這位媽媽，願意做出改變，也願意表達愛。媽媽說這陣子學對話，自己改變很多，以前絕對做不來。

女孩這時緩過情緒，也跟著說：「這是真的。」

我請媽媽多表達關懷，多表達對孩子的愛，有助於讓孩子更有力量，不會被網路牽著走。

一旁圍觀的家長，好奇為何這變化來得如此快速。前面還很生氣的母女，沒多久就大轉變，怎麼會這麼神奇。

這是因為，真心好奇一個人，能幫助女孩與自己連結，也幫助媽媽連結，問題就不是問題了。我想起當年學習對話時，看貝曼老師的對話，也覺得貝曼像在變魔術，感到驚奇不已。

家長們紛紛問我，該怎麼做，才能讓孩子減少上網呢？我說，減少上網是表面，應關懷上網的孩子，多好奇、多接納，多一點連結，或者多表達愛。孩子不是墮落者，不會故意讓自己沉淪。

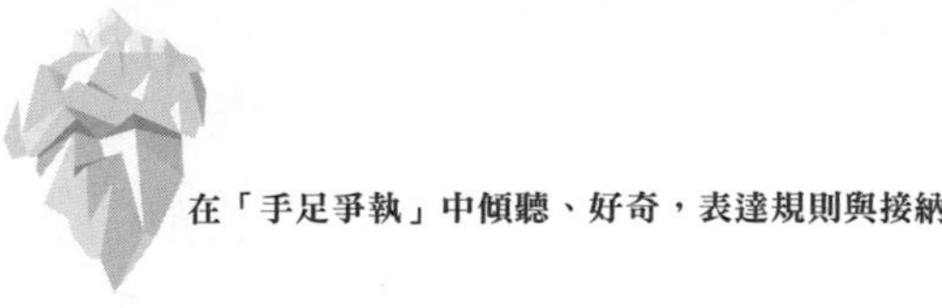

在「手足爭執」中傾聽、好奇，表達規則與接納

擁有兩個幼兒的家庭，常遇到手足爭執。因為太常發生，而且孩子一旦鬧起來，真是不得安寧，照顧者常因此深感疲乏。

不只父母，老師有時也感到困擾。某些孩子較好動，不斷引來爭執，老師該如何是好呢？

我曾在講座時，詢問在場家長，曾如何處理孩子間的爭執。我列了五個選項：

A 當判官，判定對錯。

B 全部一起責備。

C 對爭執不予理會。

D 一個一個聽完，一個一個責備。

E 其他。

眾人選擇的結果，A的人數最多，其次是D與B。

但這些選項，通常無法改變孩子爭吵。**面對手足爭執，父母需要擁有一個觀念：手足爭執屬於正常。很少手足不爭執，父母應先接納。**若是心裡能接納，一旦孩子爭執，會減少發脾氣，有助於面對問題。

爭執就互相告狀

我在朋友家裡，聽見兄弟吵架。八歲的弟弟哭了，哭得很大聲。

朋友雙手一攤，表示孩子又來了。他感到萬般無奈，孩子常爭執吵鬧。他生性喜靜，怕吵，被打擾就來脾氣。

我示意想要處理。朋友求之不得，樂得不用插手，在旁袖手旁觀。

我蹲下身子，在兩兄弟身旁問：「發生什麼事了？怎麼吵架啦？」

「哥哥他打我，他……」

「弟弟也打我，他……」

介入一場紛爭時，孩子們自然會告狀，因為他們都想要自己的冤屈被聽見。我所見過吵架之人，都覺得自己才對，對方是錯誤的。

不只是孩子的紛爭，大人的紛爭亦然。擴大到社群裡，舉凡店家、團體、政治意見的紛爭，誰不覺得對方錯呢？即使自己有錯，也會認為對方錯誤較大。

所以，**面對一場紛爭，無論是介入者、協調者、父母與老師，最好別做判官，應該將判官角色弱化，在蒐集資訊、宣達規則、好奇探索之後，再來執行規則或探索**。並且，要連結兩造的渴望，才會有圓滿的結果，問題才不會重複發生。

當兩兄弟七嘴八舌，快要為告狀而打架，我做出了決定：「我先聽弟弟說，待會兒聽哥哥說。」

這時候，哥哥立刻反彈了：「為什麼弟弟先說？不公平。」

這時，我轉向哥哥問：「你覺得不公平呀？怎麼覺得不公平？」

哥哥忿忿不平地說：「每次都是弟弟先說。」

我繼續問哥哥：「每次都是弟弟先說嗎？」

我已經做出決定，但哥哥有意見，我仍然傾聽哥哥的意見。傾聽的不是爭執的「事件」，而是哥哥對「先後」的意見。

前面已說明先聽弟弟說，弟弟的內心被照顧到了，所以此刻多聽哥哥的意見，就是讓哥哥的情緒流動，也是一種照顧的方式。無形中，兩者都照顧了。

哥哥嘟起了嘴：「他們每次都讓弟弟說，我後面說的時候，他們都不相信我。」

我繼續在這裡核對：「他們指的是誰？」

哥哥很洩氣般說：「爸爸、媽媽。」

「那你一定很委屈吧？」我在這裡點出情緒，就是一種同理心。哥哥已經九歲了，聽得懂「委屈」兩個字。

哥哥的眼眶泛紅了。

我拍拍哥哥的肩膀：「這是我第一次處理，我已經說先聽弟弟的說法。待會兒，我會專心聽你說，到時候弟弟不能插嘴。如果還有下一次，我就先聽你說。」

哥哥把臉別過去，生氣地說：「每次都這樣。」

哥哥雖然生氣，但是生氣的強度，已經大幅減弱了。

我拍拍哥哥的肩，允許他生悶氣。

這時，我轉向弟弟：「弟弟，來吧，我聽你先說。」

弟弟立刻說了：「哥哥打我。」

這時哥哥的生氣、委屈再次挑起，急著插話說明：「……」

我轉頭制止哥哥：「你放心，我們一起聽聽看，他哪裡說得不對。我待會兒會聽你說。」

不要做判官，讓事主雙方將訊息完整說明，而非聽見「哥哥打我」就立刻質疑哥哥：「為何打弟弟？」或者立刻判斷處罰，那會陷入「剪不斷，理還亂」的僵局。

每個事件都有起因，要解決這些問題，不讓問題反覆出現，或者減少出現狀況，要以對話讓他們覺察。

我問弟弟：「哥哥打你，你痛不痛？」

弟弟點頭說：「痛。」

我繼續關心：「在哪裡？」

弟弟露出手臂，已經沒有痕跡了。

我問弟弟：「現在還痛嗎？」

弟弟搖搖頭說：「不痛了。」

我好奇地問弟弟：「哥哥怎麼會打你呢？」

弟弟聽見我的問話，低頭沉默，不講話。

我停頓了一下，再次問了：「你要說嗎？發生了什麼事，哥哥打你呢？」

弟弟這才小聲地說：「我拿哥哥的玩具。」

要終結這種搶奪，孩子需被大人接納，需要體現自己的價值。那麼，怎麼表達能讓孩子感到被接納、有價值呢？

我問弟弟：「**你這麼誠實呀？拿了哥哥的玩具，也勇敢承認？**」

弟弟很可愛地點點頭。

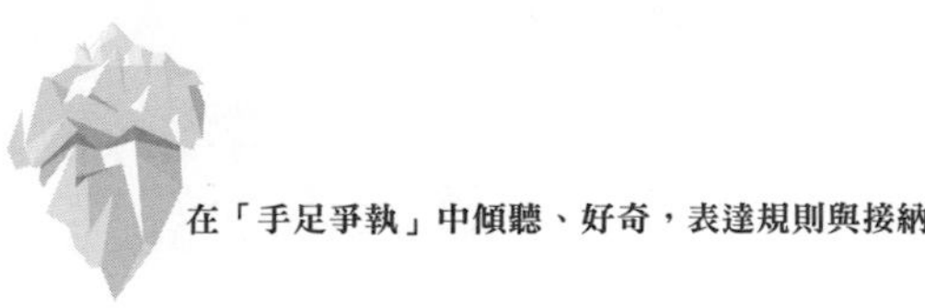

我摸摸弟弟的頭，繼續問下去：「發生了什麼事，你要拿哥哥的玩具呢？」

弟弟這時候說：「哥哥以前也拿我的玩具。」

我發現哥哥這時平靜了，當弟弟說起過去的事，哥哥的情緒沒那麼激動，也不急著辯駁了，這個狀況來自弟弟承認自己先拿了哥哥的玩具，哥哥才會動手。弟弟說出這個事實，來自於我的提問。但是這個答案，正是哥哥最常表達，但是最被忽略的部分。

我點點頭，表示明白：「喔，因為哥哥過去拿你玩具，所以你才拿哥哥玩具嗎？」

弟弟點點頭。

我接著問弟弟：「哥哥以前拿你玩具，你喜歡嗎？」

弟弟天真地說：「不喜歡。」

我想知道弟弟過去的應對：「哥哥拿你玩具，你會做什麼呢？」

弟弟立刻說：「我就過去打他。」

我對弟弟說：「這樣是好的嗎？你喜歡這樣嗎？」

弟弟說：「不好，不喜歡。」

當弟弟陳述完了，我要表達規則：「弟弟，哥哥以前拿你玩具，那是不對的，但是你打他，那也是不對的。你知道嗎？」

弟弟點點頭。

我才接著補充：「今天你拿哥哥玩具，那是不對的，哥哥打你，也是不對的。這樣你知道嗎？」

弟弟又天真地點頭。

我繼續跟弟弟說：「哥哥以前拿你玩具，那很不應該。你以後也不能這樣，如果拿了會被處罰，你知道嗎？」

弟弟點點頭說：「可是哥哥都不借我玩。」

我問弟弟：「你很想要玩，對嗎？」

弟弟又認真地點頭。

我繼續往下問：「那哥哥可以不借你嗎？」

弟弟執著地說：「不可以。」

這地方我笑了，重複著弟弟的話：「不可以呀！」

弟弟低下頭，停頓了一會兒說：「可以啦！」

我笑著問弟弟：「你怎麼改變啦？」

弟弟低著頭說：「因為有時候，我也會不借給哥哥。」

我稱讚弟弟，並且補充說明：「你真懂事。所以你以後跟哥哥借，哥哥不借你，你不能搶他的玩具。如果哥哥也搶你玩具，你可以跟爸爸說，不能跟他打架，這樣知道嗎？」

弟弟點頭說：「知道了。」

我摸摸弟弟的頭：「弟弟，我覺得你真誠實，也很勇敢承認。我很欣賞你。叔叔剛剛這樣說，你還有什麼要跟我說？」

弟弟說：「沒有了。」

跟弟弟對話結束前，我才陳述規則，邀請弟弟：「剛剛你搶哥哥玩具，你應該跟哥哥說對不起，你要對他說嗎？」

「可是哥哥打我。」

這裡需要穩定的說明。

「那也是不對的，我還要聽哥哥說明。但是你先搶了哥哥玩具，這的確是做錯了，對嗎？」

弟弟點點頭。

我再次邀請弟弟：「那你要跟哥哥說對不起嗎？」

弟弟點點頭。

我稱讚弟弟：「弟弟，你真的很勇敢，勇於承認錯誤。你是心甘情願的嗎？」

弟弟點頭。

我邀請弟弟：「那你跟哥哥說吧。」

弟弟很認真地說：「哥哥，對不起，我不應該拿你的玩具。你也不應該打我。」

弟弟說到這裡，我實在忍不住笑。跟弟弟說：「後面的不必說，說你自己的就行了。」

弟弟又重複了一遍道歉。

這時我才轉向哥哥：「弟弟剛剛說的，是實際的情況嗎？」

哥哥看來還是不悅，但是點點頭，語帶抱怨說：「他每次都這樣。」

「他每次都這樣。你不借他，他就會來搶，是這樣嗎？」

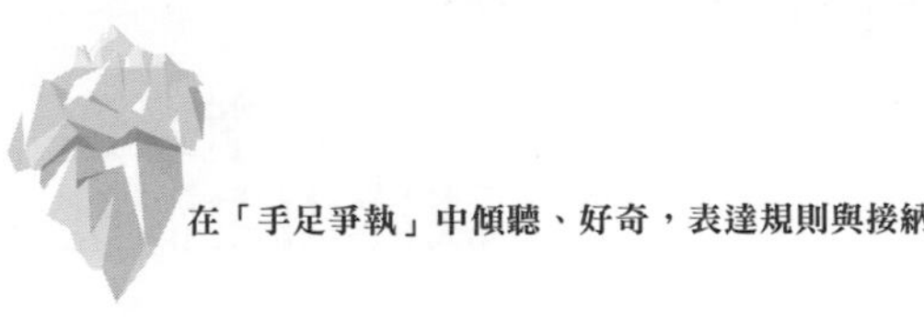

我問哥哥的語句，是關心弟弟「每次都這樣」，而不是指責哥哥，以前也先搶玩具。這裡很多人容易進入誤區。

哥哥賭氣著說：「他就是這樣。」

「那你怎麼辦呢？」

我問哥哥過去的應對，這個問句的答案是他的錯，哥哥就會有所覺察。

哥哥沉默了，並未說話，因為他意識到錯誤。

我在這兒需要重複：「哥哥，剛剛我聽弟弟說，所以你打他了，對嗎？」

哥哥依然不說話，但是微微地點頭。

假如哥哥沒有點頭，而是沉默不語，我會切入哥哥此刻的冰山，或者表達接納。

「我聽起來，你打了弟弟，是因為他動手搶玩具。他不應該這樣，應該尊重你。但是，你不能打他，你應該告訴爸爸，請爸爸來處理。好嗎？如果你打弟弟，那你就錯了。這樣會被誤解，誤解你欺負弟弟，其實你沒欺負，你是要保護自己的玩具，只是方法錯誤了，這樣會很委屈，不是嗎？」

哥哥的眼眶紅了。

過了一會兒，哥哥說：「每次我跟爸爸說，爸爸就要我讓給弟弟玩。可是那又不是弟弟的。」

我跟哥哥核對：「爸爸這樣說呀？」

哥哥點頭說：「爸爸每次都這樣。」

我拍拍哥哥肩膀：「如果爸爸這樣說，你一定委屈極了。爸爸的處理方式，我不是很同意。我跟爸爸說，好嗎？」

我轉頭跟朋友說，這樣的處理不恰當，下次應該跟弟弟說：「要跟哥哥借，不能用搶的。哥哥可以不借你，你也可以不借他，但是不能打人，打人會被處罰。」

朋友覺得挺尷尬，但是仍答應了。

我跟哥哥說：「我請爸爸以後注意，要公平處理這些事。但是你要記得，不能打人。因為打人是錯的，即使別人錯了，我們也不能打人。」

哥哥點頭，表示了解。

我問哥哥：「現在還是這麼生氣嗎？」

哥哥呼吸了一口氣說：「現在不會了。」

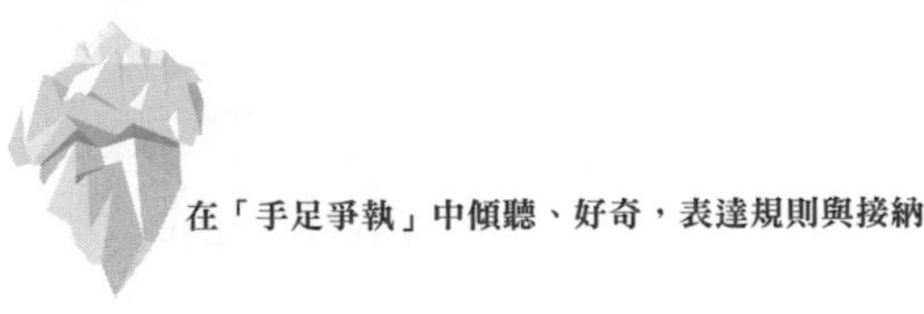

我跟哥哥說：**「你過去受了委屈，一定覺得不公平，但是你能放下來，這是有勇氣的人，一般人很難做到，這很不容易。所以我要謝謝你，你是一個有勇氣的人，也是有責任感的人。」**

我先處理完哥哥的情緒。過去的事件、感受、觀點，以及未滿足期待，累積成他們的應對。當他們遇到爭執，渴望層次不連結，自然會為了求生存而產生各種爭執。分別與兩人對話，正是在整理他們的冰山，接下來我邀請道歉。這次是讓哥哥執行，因為他打了弟弟。

未料我還未開口，哥哥就轉過去，跟弟弟說：「對不起！我不應該打你，雖然你搶了我的玩具。」

我很為哥哥感動，他學得真快。因為渴望一旦連結，孩子就會學習為自己負責。兄弟倆的爭執就此落幕了。朋友嘖嘖稱奇，說孩子怎麼服服貼貼。

我提醒朋友，未來兄弟還會爭執，尤其會來這兒告狀。記得都需要傾聽、好奇，表達規則與接納，長此以往，兄弟的爭執就會減少了。

處理爭執的要點

- 手足衝突屬於必然，需先接納此狀態。
- 除非有人動手，需要介入制止。制止時不用責罵。
- 介入時關心兩個人的情緒，而非關注事件。
- 先聽一方說，再聽另一方說，都是以好奇探索。好奇時，建議「回溯」，易理解來龍去脈，以及讓孩子覺察。
- 通常兩人會搶著說話，應專注聽一人說，要另一人等待。
- 當好奇探索、傾聽完畢之後，給予準確的訊息。
- 重複發生衝突是常態，但是動手不被允許，因此應找父母調解。好奇與規則訊息，需要再次提醒。一段時間之後，會漸漸形成好習慣。

對「晚回家且掛網的先生」連結自己，接納自己與他人

朋友打電話訴苦，先生常常晚回家，回家也掛在電腦前，和家人很少有互動，她感覺憤怒且無助，生活充滿指責與疏離。

她跟先生「好說歹說」，但先生都沒有改變。她覺得討論時，自己的態度良好，先生卻仍然我行我素。

我問朋友，她是怎麼跟先生表達的呢？

朋友說，她希望先生早回家，希望先生別這麼累，因為她擔心先生的健康。妻子

李崇建
談冰山之渴望

希望先生少上網，因為上網會傷害眼睛與身體，對孩子的生活也會造成傷害……

設想你是一位先生，聽到妻子說的這一番話，冰山各層次有何變化，會感受到愛與接納嗎？還是感到壓力與愧疚？

想要改變他人的行為，並非透過建議或要求。因為即使再怎麼善意，對方都不覺得被尊重，意即不覺得被接納、不覺得自己有價值、不覺得自己有意義，也沒有被信任感。這些都是渴望層次。

這也就不難理解先生，為何只說「知道了」，甚至在對話裡有所反彈，或者逃避問題，愈來愈晚回家了。

眼見先生不斷逃避，朋友傳訊息給先生，都是「正確」且「重要」的訊息，比如上網成癮的壞處，人應該正念、活在當下，不要被科技所控制。先生都沒有回應，或者只是回個「嗯」，並且愈來愈「故意」。

先生一回到家，反而更黏在網路上，並且煩躁、憤怒地說：「這麼多事情要處理，你都不知道嗎？」

妻子不明白為何先生要逃避，甚至有意反抗她。掛網只是在打遊戲，還說自己壓力很大，先生都不覺察嗎？

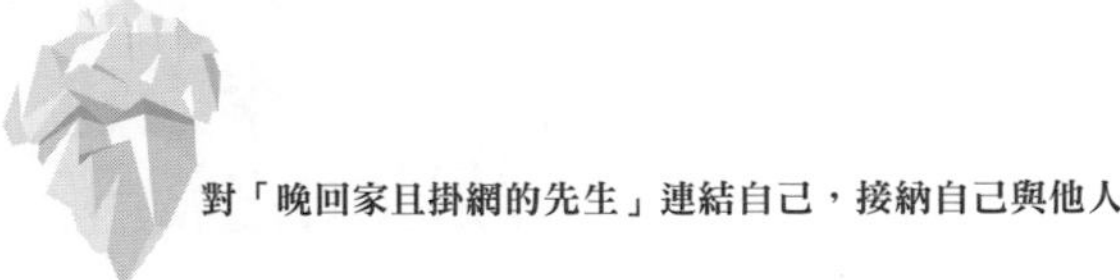

雖然她自認傳達了善意，但其實對方接收到的是壓力。傳達出來的訊息，是否因此成了一種控制？她是否也未覺察自己，因而讓先生想要反抗，更有理由晚回家，更想要掛在網路上？

想要關心家人之前，如何先關心自己呢？連結自己的渴望，讓自己感覺有價值，感覺自己有意義，那麼面對先生的行為，就不會這麼無助，焦慮與煩躁會減少，也才能懂得關心先生。

連結自己，再關心他人

我請朋友關注自己，照顧自己的情緒。找人晤談，探索自己，或者進行正念、冥想，時刻覺察自己。注意細微的煩躁、焦慮、不安與無力感，並且時刻照顧自己。

朋友初期很困惑，為何先生的問題變成了自己的問題？

每天跟她相處的先生，面對內在焦慮的妻子，會怎麼應對呢？我的經驗通常是會逃離，逃離到電腦前面，逃避回家，圖個清靜。

朋友感覺很沮喪，無法接受這些事實，感覺無比失落。

這是常見的狀態：忽略自己內在的運轉，甚至也看不見自己，只看見自己想要的「外在」，與自己「渴望」不連結。

將「渴望」層次的責任，歸咎於他人的責任問題，期望他人能做好，這就形成了慣性應對，彼此都成受害者，問題也容易不斷惡化。

想要打破困境，需要有人先改變，改變的人通常是自己。

朋友調整得很快速，不僅上了工作坊，也找同儕探索。發現自己與母親很像，容易焦慮，且控制欲強烈。

自己也想逃離母親，難怪先生也想逃避。

她發現自己的價值感，建立在他人身上，不斷從他人的反應，決定自己有價值與否。她邁過艱難的初期學習，漸漸養成了習慣，勤於練習覺察自己，不陷入頭腦的慣性思考，漸漸覺得自己自由，對先生也比較接納了。

她的內在改變之後，家庭也有了變化。先生較早回家了，雖然仍掛在網路上，但是會幫忙處理瑣事。她感到非常驚訝，覺得不可思議，並且詢問還能做什麼。

我邀請她學習對話。從練習好奇開始，跟先生有更多連結。若將好奇練習妥善

了，再關心先生沉迷電腦的問題。

表達關心，接納自己與他人

間隔一段時間，朋友跟我回饋，先生每天回家吃飯，雖然也有掛網情形，但是上網時間少了。她感到自己很幸福。

她做了什麼呢？

朋友很感性地回憶，說出一段事件，自己無比地震驚。

有天，她看先生掛網，仍在打網路遊戲，只是遊戲關閉了，換成工作網頁，但不久後開遊戲，反覆幾次打開又關閉遊戲。她能感覺到先生的焦躁，但自己內在仍安穩接納。

晚上就寢前，她關心先生，是否很焦慮呀。於是，先生從工作開始談起，談到自己的網癮，其實並非他所願，而是為了讓壓力減少。

妻子關心先生的壓力，這樣有多久的時間了，掛網有助於減壓嗎？卻讓先生陷入沉默。

先生表示有幫助，隨即又說想戒掉。這是她第一次聽見先生說想擺脫網路遊戲，她很驚訝且好奇，先生怎麼會想要戒掉。

先生說自己嘗試多次，只是妻子並不知情，因為深怕自己失敗，無法堅持不上網，感覺有很大的壓力。覺得自己愧對家庭，愧對妻兒……

那天，先生在她懷裡哭了。那是她第一次，看見先生的眼淚，她感覺兩人很靠近。

那天，她摟著先生，感到先生的無助，也感到先生的在意。**她只是緊緊摟著他，深情地對先生表達愛，例如她理解先生已經盡力了，就算沒做好，也沒關係。她依然深愛著先生……**

朋友說自己發自真心，感覺兩人回到剛認識、彼此熱戀的狀態。從此先生更放鬆了，再也沒有無故晚歸，掛網時間也減少了。

朋友很感謝這一切。感謝自己了解了什麼是連結自己，再連結對方，也懂得表達愛與接納。與此同時，她覺得家庭氣氛和諧，孩子也有了很深刻的變化。

學習者的實踐與分享

我們都是學習者

我將自己定義為終身學習者。

我進入薩提爾模式學習，已經超過二十年了。冰山對我影響最大，我在冰山之中悠遊，每一段時間就有新發現，尤其當正念、創傷、腦神經科學與量子力學概念，與冰山互相結合時，我擁有更多的發現。在學習冰山脈絡的同時，這些新知日新月異，讓我進入不斷學習的狀態。

過去我以演講方式陳述教育現場的狀況，並且當眾示範對話，示範如何應對各種情境、各種類型的對話。有些時候以角色扮演，請教師扮演脫序的孩子、扮演暴怒的家長；有些時候請家長扮演頑皮的孩子、扮演難溝通的老師、扮演碎念的爸媽；也會請業務扮演顧客、請主管扮演員工、請員工扮演主管……

我透過演講的方式，陳述我所認識，以及所運用的方式，得到不少的迴響。

這幾年來，我減少演講，開始舉辦工作坊，並且以對話形式，推廣互動的方式。有不少學習者很認真，他們的學習，改變了自己、家庭與社群，也有更多的夥伴，在各地演講、舉辦工作坊，我感到非常感動。我都稱他們為夥伴。

夥伴們的學習歷程，並非一路順遂，但是他們從自身開始，擴及家庭實踐，每一段歷程都很精采，都有讓人感動之處，也非常值得學習。很多初學者看了他們的分享，紛紛向我回饋。他們為初學者帶來鼓勵，也在一些細節上有所學習。

因此，我邀請夥伴們提供文字，分享於書中，並允許我修改文字，調整敘述的順序，但保留原作風格。在他們的故事中，可以看見心路歷程，有學習中遇到的困難，有自我覺察的部分，也有精采的對話。我曾選過幾篇刊登，很多讀者看到後的回饋，都是很感動。

我在文章後面，羅列夥伴的電郵資訊，也許讀者可以交流、分享，也可以邀請夥伴參與講座或工作坊，將經驗分享給更多人。

深度的聆聽與對話

學了點中醫，試著幫家母把脈。

「幫我看看心臟如何？」她說。

幾年前醫生提議讓家母動手術，家母最後決定喝中藥作為治療。

最近經中西醫檢查，已沒有大礙，但她心裡有陰影。

「媽，你很擔心？」我輕按她手上寸關尺，引導她覺察情緒。

「擔心啊。」

「但中西醫都沒再說你心臟有事。」

「我年紀大，難免會擔心。」

「那要怎麼樣才不擔心？」我微笑著問。

她停頓了一會，問：「你……怎麼想出這樣的問法啊？」

她一臉好奇。

我解釋說學習中醫，還有薩提爾模式，家母即心領神會，雖然想不出答案，但已進入心靈的連結。

我們的話題轉到：「人人都有情緒」。

母親說：「其實沒有什麼好害怕的。我明白年紀大，就是多病痛。」

我核對一下：「你不怕年老，只是擔憂自己的心臟。」

「嗯，是擔心。」

我再次核對：「你說不會怕，但心裡有擔心。」

家母點點頭。

「內在很矛盾。」我回應。

「是很矛盾。」

我以平靜語調提問：「聽起來，你在很多事情上，都會有擔心，也有悲傷，但腦子裡卻說：『有什麼好怕呢？我不要再哭』之類，是吧？」

家母進入沉思。我讓寧靜流動著。

「我不想自己老是生病，成為負累。」

「媽。」我停頓下來：「你是擔心……你生病了……會成為我，還有弟弟的負累？」

除了電視機傳來韓劇的對白，客廳出奇地平靜。

「媽。」我再次停頓：「你真的肯定，我和弟弟有這樣的想法……」

我以更平靜，而且溫柔的聲音，關心的語氣問：「你真的認為，我和弟弟覺得你是負累？」

我再停一停：「媽，我們不會這樣想。你是生我們的母親。」

家母略低下頭，哭了出來。

我輕拍她的手背說：「媽，你可以哭。」

讓情緒流動了一會兒。

我們聊到其他情緒，家母忽然評價自己「無記性」：「習慣了發生什麼事，都是先說自己不對。」

「覺得自責，對吧？」我問。

家母用手擦淚水，點頭稱是。

「我知道。」我微笑著，輕拍她：「因為我也是這樣。遺傳了你的習慣，很容易自責。但是現在不是了，我已決定不再這樣了。」

「為什麼？」她問。

「因為自責沒有用處。對身體亦有害。」

家母思量了一下，回應說：「也是。」

「我邀請你，不要自責。你也願意『接納容易無記性的自己嗎？』」

「願意。現在不接納也不行。」

「可以歡迎『自己無記性』這個狀況嗎？」我追問。

「歡迎？」

「嗯，『歡迎』這樣的自己。記不住，就隨它記不住！」我輕輕地說。

「也是，記不住也無所謂。」

我將搭著她腕骨的手指鬆開：「你現在的脈象，平和了很多。」

【崇建回應】

以好奇傾聽對方，再表達自己。

兒子利用為母親把脈，與母親進行交流。當兒子接納母親，接納母親的情緒，就能更進一步靠近母親。

兒子進而表達自己，表達自己的歷程，也表達自己的關心，表達自己的接納，這是母子深度的交流。

本文分享者：田少斌，香港聖公會聖提摩太小學校長，在香港推廣對話與自我照顧

電子信箱：tinsiubun@gmail.com

從孩子的挫折，看見過去的自己

小兒子就讀小一了，寫完數學練習題，請我幫他訂正。

兒子有兩題答錯了，我們討論問題出在哪兒，其中一題意思沒弄懂，另一題錯在九九乘法不熟。

九九乘法不熟，讓我有些驚訝，兒子去年背起來了。我的認知是，九九乘法一旦背熟，會像反射動作一樣，怎麼會忘了呢？

我腦中浮現一個想法：這傢伙不夠認真，才會背得不熟，必須多加練習才行。

我要他拿出九九乘法表，坐在我旁邊複習。我感覺自己的語氣、態度和緩且穩定。

但是，小兒子一坐上位子，兩行眼淚就落下了，開始低聲啜泣。

此刻，我感覺胸口有煩悶、焦躁的情緒，還有一股生氣。

除了覺察情緒之外，我還覺察到思考，此刻環繞著一個念頭：「知道自己不會，還不主動想辦法。我好好跟你說，要你多練習，你還給我哭，這是什麼態度？」若是早個幾年，我肯定破口大吼：「哭什麼哭？不會就要多練習，有什麼好哭的？」

這幾年，我學習了薩提爾模式，但是持續的學習，並未讓我變成一個不生氣的人，但是累積的覺察力，讓我在情緒升起時，還有念頭出現時，我能馬上辨認出來，不再被無意識掌控。

看著孩子的眼淚，看著自己的情緒，一些畫面在腦海浮現：一個無助的男孩，因為成績很糟糕，好多人對他指責，將生氣發洩在他身上，那些人是父親、母親，還有他的老師。

「你有沒有在認真啊？」「花錢讓你去補習，你考這是什麼成績？」「你會不會想啊？」「你沒希望了！」……

大量指責的話語，好多冷漠、鄙視的神情，對著無助的男孩。

那個無助的男孩，正是小時候的我。

我討厭那些「為你好」的話語，還有那些表情。我也很討厭自己，當時的無能為力。我希望有人相信我，理解我也想做好，只是一直做不到的挫折。

孩子遇到了挫折、困難，過去的我也習慣指責。當我學習了這些年，我常常問自己，能否做出不同選擇？能否先關注孩子內在？問問他怎麼了，而不是急著去處理，那些浮在冰山表層的事件。

我將注意專注於內在，透過有意識、緩慢地深呼吸，慢慢安頓自己。

「小悠……你還好嗎？」

「爸爸看見你哭了。」

孩子低著頭，輕聲啜泣，並未回應我。

我可以接納孩子，他還在情緒當中，不會馬上回應我。與此同時，我仍然覺察內在，仍舊平靜、安穩，孩子的不回應並未讓我波動。

孩子雖未回應我，但對於我的關心，亦沒有反彈排斥。於是，我繼續帶著好奇，想要了解與關心他。我心裡有些猜想，想跟孩子核對。

「小悠……你覺得委屈嗎？」

「還是你在生氣？」

「爸爸想知道，你怎麼了。」

我說出一句話，伴隨長長的停頓，讓彼此有一個空間，少了壓迫感。

停頓了幾分鐘，孩子慢慢說出一句話：「我……以為……我……做完練習，就可以去玩了……」

孩子一說完，哇的一聲，開始大哭。

情緒需要被看見、接納，才能真正釋放。

「小悠……爸爸知道了，你是因為想去玩，因為做完數學練習了，卻被我要求背九九乘法，所以很難過，是嗎？」

「對啊。我正要去玩，就被你叫回來……」

這時，媽媽準備帶他出門了。

「想不想要爸爸抱抱你？」我說。

「嗯。」孩子答應著，爬上我的座位，緊緊抱住我。我們擁抱好一陣子，他才開心跟媽媽出門。

晚上洗澡時，我問他：「上午做完練習，你很想去玩，怎麼沒跟我說？還照我說的話做，把九九乘法表拿來背？」

孩子誠實地說：「我怕你會生氣。」

孩子的答案，與我所想的相同：「我想也是這個原因。但是，你怎麼一坐下來，就哭了呢？」

孩子說了理由：「我很想去玩，愈想愈難過。」

上午他沒有說，但此刻說了，我覺得兩人靠近了，我為兩人關係問一句：「後來爸爸跟你說話，你覺得還好嗎？」

「你有生氣！」孩子很直白，因為兩人靠近了，不需要掩飾想法。

我不需要為自己捍衛，也不需要做解釋，我只是更好奇：「真厲害，你怎麼發現的？」

「你有皺眉！」孩子的觀察真仔細。

我也坦誠面對自己：「嗯，爸爸也有發現，原來我生氣了。所以我先停下來，沒有再催促你。那後來呢？後來跟你講話的方式，有好一些嗎？」

孩子說：「還可以啦。」

父子關係能連結，孩子能感受愛。我談回上午的數學問題：「你的九九乘法還不熟，怎麼辦？」

「我會找時間複習。」

「你會記得嗎？如果忘了，怎麼辦？」

「你提醒我。」

「爸爸不想一直提醒你，那是你自己的責任。還有什麼辦法，可以不要忘記？」

「那我寫便條紙，提醒自己好了。」

「你想把便條紙貼在哪裡？」

「哎呀，我自己會找顯眼的地方貼啦。」

一連串的父子對話，是我童年渴望的景象，我相信沒有人想墮落，只要有愛為基礎，孩子也能看見自己，能跟大人做更深的連結，就往美好人生向前邁進了。這也是我在推動對話，推動親子教育時，最關注的基礎。

本文分享者：林良晉，親子教育講師、對話帶領者

電子信箱：linpatrick974@gmail.com

修練在日常

六年前有個機緣，我聽了一場講座，生活逐漸變化了，走入另一個風景。那是一場親子講座，涵蓋了自我成長，也談到親密關係。老師談到他跟父親關係，那一段關係的變化，對當時的我有很多觸動。

我的父親意外過世了，因為修理家裡屋頂，不慎從四樓跌下來，當天晚上永遠地離開我們。我不知道父親的離開，我潛藏這麼多情緒，內心有生氣、愧疚、不捨、有難過，也有著很多遺憾。

除了不知潛藏情緒，也不知道如何允許、接納情緒流動。當我慢慢地靠近了，學會如何認識自己，這是與自己日漸親近。在不知不覺之中，我已經靠近自己了，能

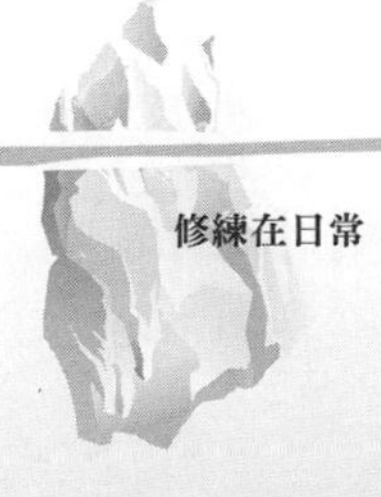

看見自己的愛，還有對父親的愛，生命的能量流動了。

那是一個新世界，我決心深入學習。

那是一個修練過程。我認真的追逐演講、參與工作坊，與同儕團體共學，在日常生活練習，最終經歷了試煉，逐漸落地成為我的日常。

但這一切並非都美好，公主不曾永遠幸福，我的道路是修練而來。

慣性應對常主宰

那是一個尋常的日子，我與老公一早出門，我準備送禮給朋友。我除了起床梳洗，還需要忙瑣碎的事情。而習慣早起的老公早已坐在沙發上，滑著手機在等我。

我設定車子導航系統，察看地圖有沒有塞車，果真台74線常態性塞車。

我向老公說明：「塞車，看起來不嚴重。」

駕車的老公，也關心車流：「哪一段在塞車？」

我一直無法搞懂地圖，只能回答：「我看不出來。」趁著停紅綠燈，拿手機給老公看。

老公看了手機，語氣不耐煩，以很大的音量說：「這個路線不是中清交流道。」

這是我與老公的日常，接下來會有一連串應對。這些應對彷彿是劇本，我們自動的演起戲劇。

但這一齣戲劇，不是我喜歡的劇碼，我是不自由的演員。

這時我已經開始學習，那是自由的第一步，卻不是自由的終點。

陷入慣性，也有覺察

老公的音量很大，這時我有了覺察，一個念頭跑出來：老公又在不高興了。

過去我的慣性，不會透過覺察，行動會立刻反擊，用指責回應他。當對方大聲說話，我的心會受傷，感覺不被尊重，立刻啟動保護機制。

每當這樣的時刻，我會像一位檢察官，指出他哪裡沒做好，開始攻擊他。比如：「你有空滑手機，怎麼不先查？我要準備禮物，你怎麼都不幫忙？你怎麼不先做

好？你以為我很閒嗎……」

我前面提到的風景：「習慣早起的老公，早已坐在沙發上，滑著手機在等我。」成了我攻擊的標靶，在我的腦袋裡轉，**我不是看見全貌：老公願意等我，那是一分愛；而是看見他滑著手機，不願意幫我這個、那個。**

當時我沒有那樣的能力。即使頭腦上有認知，我心裡也不會平衡。

但是當時我有了覺察，內在有情緒浮現，一股怒氣竄出來。我做了幾次深呼吸，照顧自己的心情。

我認為自己處理好了，但是一說出話語，還有隨後的應對，都是我的考驗。

我跟老公說：「我又看不懂，你在家怎麼不先看？再決定走哪一條。」

這句話也是指責，彷彿在抱怨他，只是力道比以往弱，但聽在老公耳裡，應該也不是滋味。

老公沉默不語。

我也沉默不語了，只能將注意力拉回，再覺察與照顧自己，感覺胸口和喉嚨卡卡，卻是很不容易專注，腦袋的思緒容易奔跑。

這樣的狀態是打岔，但是打岔的狀態，戰勝改變的目標，頭腦裡會告訴自己：我現在就不想說話。

因為我沒有能量進一步照顧自己，情緒帶動著思緒，思緒帶動著應對，就呈現了「不說話」的狀態，如今往前看過去，這都是修練之路的必須，所幸我很坦誠看見。

我與老公一直沉默，彼此都很不爽。即使我學習之後，慣性也不易打破。在學習之路上，這是很大的挫敗，因為憧憬著美好圖像，怎麼自己總是到不了。

其實「並不是不到，是時候未到」。想要歡呼收穫，需經歷困難挫折，而我還在路上，並未停止修練。

我們到了朋友家，跟朋友熱情說話。我完全忽視老公，要等老公道歉了，這齣「好」戲才落幕。

好好的一趟出遊，結果讓彼此不開心。

我不喜歡這樣的圖像，這不是我的終點，只是一個中站而已。

覺察是時刻的功課

覺察情緒很重要，照顧自己亦重要，都來自誠實的覺察，因為慣性容易欺騙自

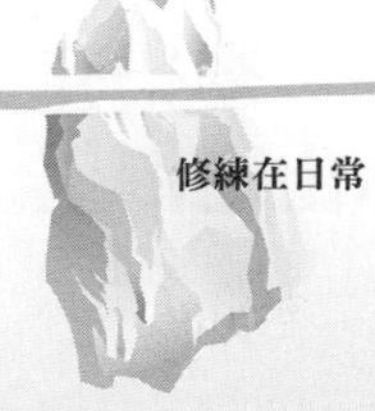

己。當我有了能力覺察，願意坦誠面對自己，才能以豐富眼光看自己，漸漸成為自由的人。

所以看見老公等待，看見老公的愛，而不是看見他坐在沙發，看見他在滑手機，需要心靈漸次打開，並非一下子就看見，因為心靈之眼未打磨。日常生活充斥摩擦，都是關係的考驗，很多非預期因素，比如交通狀況就難控制。

我們後來又去賞花，我與老公開車去杉林溪。從溪頭那一段開始，車塞到動彈不得，老公怒氣又上來了。

老公語氣不耐煩：「前面的車是烏龜嗎？會不會開車啊？塞下去不知道幾點了？」

過去我的應對方式，很鮮明的立即浮現，我看見自己慣性，會對老公脫口而出：「你要是有本事，把車窗降下來，對前面的車說。你跟我說做什麼？」

我看見過往的劇本，那麼熟悉又固著，老公會更生氣、不說話。

我則會氣不過，繼續飆罵他：「一起出來玩，為什麼要把情緒丟在我身上？請問我做錯什麼事？」

老公十之八九會回我：「如果你早一點出門，就不會塞車了。」

我應會立刻回他：「現在是怪我囉！你自己脾氣不好，幹麼怪我……」

或者我們又陷入沉默，彼此打岔到下一次。

這些慣性的應對，來來回回上演。很想停下來，卻無法停下來。

這些劇本在腦海上演時，我感覺自己自由了。我隨時可以更換劇本，我有能力創造新生活，有能力照顧自己。

這一次，我改變了，我的覺察快速了，因為時常練習所致，我覺察了過去的慣性，覺察了我的念頭，也覺察了我的情緒，我重新做了決定，自我照顧就深刻了。

我一次一次跟自己連結，深入自己的內在。

我沒有進入指責，也沒有打岔沉默。我進入我的內在，很深的跟自己同在，覺得自己當下很自由，我愛的人在開車，那一刻，我能感覺幸福。

我看著這個愛我的人，正為我開著車，但卻受塞車之苦，他是個可愛的人。

當我接觸了自己，我就能看見全貌，此刻就有了能量。

學會表達，學會愛

我左手搭著他肩膀：「老公，我覺得塞車，都讓我覺得幸福，知道為什麼嗎？」

老公情緒還在，狐疑地看著我：「為什麼？」

我打從心裡說：「因為你在呀，只要跟你在一起，就算是塞車，我都覺得很幸福。」

我看著老公的臉，他的嘴角咧開，一路咧到耳朵了，看來老公感染了我的幸福。

過了一會兒，長長的車陣依舊，老公開始哼起歌來，車子裡的空氣變輕盈了。

這一路的學習，都是刻意練習，也是期中考試。日常生活的瑣碎，都是我的考驗。隨著我深入練習，我改變了新慣性，不再慣性指責，也不再慣性沉默，我的老公也不同了。

當我開始帶領工作坊，我深知一般人亦如此。走在修練的路上，都需要有人陪伴。我也有更多接納，學員的內在與應對，經過練習覺察，透過慢慢的調整，都是日常的修練，通往更和諧的自我與關係。

本文分享者：林雅萍，帶領親子溝通、個人成長與讀書會講座

電子信箱：app6197856@gmail.com

在通往幸福的路上

兒子九歲那年，前晚牙痛早就寢，隔天早上才寫作業，奶奶在樓下喊著：「瀚瀚快下來呀，你快遲到了，你的功課還沒寫……」奶奶的口氣很急促。

兒子依舊不動如山，仍繼續寫作業，遇到不會的題目，詢問我要怎麼寫。

我看著眼前的兒子，寧靜且認真投入，心中滿滿的感動。若是情境放在數年前，奶奶著急的催促，他早就發脾氣了。

他寫完作業了，我試著好奇問他：「上學快遲到了，你會緊張嗎？」

兒子說：「會。」

我對兒子有好奇：「我很好奇的是，你這麼緊張，還願意寫功課呀？」

兒子：「我怕寫不完功課，到學校會被老師罰寫呀。」

我：「害怕老師罰寫功課呀？那你現在還會怕嗎？」

兒子：「不會了，只剩緊張了！」

我：「怎麼只剩緊張了？」

兒子：「因為功課寫完了，我就不怕了。現在快要遲到了，我才會緊張。」

……

我們對話了一陣子，兒子下樓吃早餐了。

我關注兒子的內在。在此之前，我關注自己，覺察自己的內在，有沒有煩躁、緊張與焦慮。

這幅景象很美好，我是學習而來的。

過往的家庭面貌

兒子五歲以後，有許多不當行為，家庭成員常搖頭、嘆息。兒子經常憤怒，憤怒時握緊拳頭，接著大吼大叫，甚至將桌子翻倒，有時持續數小時。這樣的情況很頻繁，每週發生兩次以上，影響全家人的生活。

我從二〇一七年開始，因緣際會學習薩提爾模式，走上一條幸福的路。

回想自己的童年，我也是經常憤怒的人，我不知道生氣從哪來。

我與父親的關係，也是長年「打岔」，比較疏離的狀態。父親只重視我的成績，當我拿考卷回家，只要不超過八十分，少一分就打一下。

父親責備我：「到底有沒有認真？」

他送我去補習班，結果成績更慘。我和補習班同學玩，一起打電動遊戲機。小五下學期那年，國語成績考太差，分數不到六十分，父親打我二十多下，掃把都打斷了。父親餘怒未消，罰我在神明桌前跪著，從晚上八點，跪到凌晨十二點。我有許多的委屈。

高中畢業之後，我感覺父母不愛我，有很深的被遺棄感。所以我做了決定，高中畢業就去考軍校，我一定要離開這個家，想要離得遠遠的，永遠都不要回來。

我內心長年都憤怒，但是我並未覺察。在軍旅的生涯，曾有兩次不當管教。我任職連隊的「輔導長」，連隊參加「全國體能戰技競賽」，每天晚上我要求全連隊，進行四十分鐘體能訓練，由我帶頭訓練。每天晚上如此。

隊上若有人跟不上，我大聲教訓他們，看著他們完成體訓。當時獲得「國防部體能鑑測成績績優」，並拿到「國軍模範團體」。但是我也被投訴了，控訴我是「不當管教」。

那是我生平第一次，被上級嚴厲警告。

還有一次部隊實施「演訓」，「演訓」期間有人偷懶，我非常憤怒地集合全連隊，全副武裝帶著鋼盔，穿長袖、長褲聽訓，聽我在太陽下訓話一小時。晚點名時「訓話加體能訓練」，再次被弟兄投訴國防部，理由仍是我「不當管教」。當時我獲得「全國績優輔導長」，也因此事件被撤銷了。

不只是在軍隊裡，我在家也常憤怒，對女兒、對兒子更是如此。當我的要求沒做到，期待無法被滿足，我就是用打罵教育，對待兒子更是如此。

有次兒子打破玻璃，我「碎念」他足足半小時，直到他恍神睡著，他當年僅一歲多而已。寫到這裡，我不禁拭淚，當時我是心疼他，不小心傷害自己，但是我的表達都是責罵。

還有一次兒子在浴室，玩起了肥皂泡泡浴，整個浴室都是泡泡。我看到浴室滿滿的泡泡，兒子竟然開心地笑，我的憤怒頓時上來，打他的屁股及身體，兒子聲嘶力竭放聲大哭，我還跟他說：「不准哭，哭有什麼用！」

當時我生氣他浪費，卻沒有好好理解他。

覺察與改變自己

過去我從未覺察，兒子的情緒反應，與我的對待方式有關。

當我學習薩提爾模式，我對自己的覺察漸強，我能深入了解自己，也能跟家人靠近了。甚至在一年前，我進行「自我覺察」時，覺察胸部很悶，我去醫院進行檢查，發現我心血管有狀況，需要立即進行手術。

當我走下手術台，醫生再次跟我說：「鄭先生，你的血管已經狹窄百分之九十囉！幸好你馬上來，阻塞百分之九十以上的病患，隨時都有可能會走人，你的警覺性很高。」

我的覺察力提高，不僅拯救了自己，也改善了家庭互動。

兒子上學快遲到了，我能夠覺察自己，也能夠接納自己，兒子也能為自己負責。

這幅圖像令我歡喜。

尤其我看到兒子的表現，老師給兒子的評語，兒子充滿著創意，也對他喜歡之事投入，且不畏懼與人連結。

我走過這些經歷，不斷投入學習，讓自己改變了。我也協助家長團體，無論是演講，或者是帶領靜心、工作坊，我都充滿著喜悅之心。感謝自己走過的來時路。

本文分享者：鄭寓謙，高雄市鼓山高中教官、靜心與親職工作帶領者、高雄市探索學校高低空（PA）課程引導員、地心探險組組長、攀樹教練

電子信箱：kipj1125@yahoo.com.tw

「這是世界，而我是自由的。」

薩提爾對話，對我來說，具有難度。但我一心嚮往，期待一分和諧美好，在與自己、與他人的關係。我既期待，也怕受傷害。

我一直在等待，等自己長大，等自己能倚靠自己的能量，平靜自在地活著，不再與世界疏離。除了等待之外，我也非常努力，每次陷入思維泥淖，以及情緒漩渦，幾乎動彈不得，也沒放棄繼續學習。

我努力地生活，努力地看書，努力打開感官，感受這世界的風，這世界的雨。我

也學習不努力，我可以不努力，給自己更多的允許，接納全然的自己。

「你要有目標，自己能站起來，且願意愛自己。深呼吸，和煩躁在一起。記得嗎？渴望愛，又害怕愛。」

平和安穩與人對話，我必須願意先愛自己。以前，我的愛並不真實，我對自己不滿意，只有無止境的嫌棄與苛責。

我生長在平凡的家庭，但是管教極為嚴格。父親對成績期望極高，我即便認真，也達不到父親的期待。但拿到好成績，可以換來他對我一抹燦爛的笑，我還是拚命努力。

「中中，在學校不准跟功課不好的孩子交朋友，知道嗎？」父親對我耳提面命。幼年，我的朋友極少，只有一個好朋友。她總拿到班上第一名，父親同意我與她交往。還好，她願意跟我做朋友。

青少年時期，父親罹患嚴重憂鬱症，整個家庭氣氛，高壓且驚悚。

我考上大學不久，母親離家了，兩年後，他們離婚，父親也再婚。我的大學歷程坎坷，被退學了三次，念過四個系。我經歷七年大學時光，像磨損的黑白錄影帶，躺在記憶深處。我依稀記得，我常躺在宿舍的單人木床，望著灰黃的天花板想著：「為什麼人要活在這世上？」

「我不在乎你做了什麼，不在乎你是好的、壞的，我很關愛你，不因為你是什麼樣子。我期望你也像我一樣看中中。你以外在看中中，中中就不曾被看見。」

二〇一七年初，我受張輝誠老師感召，開始實踐及推廣學思達教學法，我辦了一場假日研習，邀請崇建為教官們演講。那天崇建的每一句話，都直球對決似地，衝擊我的內在，眼淚不時在眼眶裡轉。也開始我這幾年的學習，一段豐富的旅程。

學習的前兩年，非常辛苦、挫折，反覆不斷的情緒起伏，時好時壞的經歷著。被負面情緒籠罩時，我總是深深自責，覺得自己差勁透了。那樣不穩定的狀態，根本無法和他人「對話」，但對話又是我的期待，冰山層次中「感受」與「感受的感受」交纏，總把我逼入絕境。

與他人對話之前，我決定先好好地「愛自己」。

「決定要愛自己，那就是個方向，無論狀態是否跌下去，都是要愛的，是嗎？你提到愛自己抽象，那麼不自責是不抽象的，對嗎？起碼可以在念頭出現時，想辦法應對這個念頭。回到自己的感受裡，回到跟自己連結。先進行這個步驟。」

薩提爾冰山之下，第一個區塊就是「感受」，而愛自己的第一步，就是時時刻刻自我覺察，回應自己身體的感受，及心裡的感受。

自我覺察與回應，成了我日常最重要的功課。無論是工作或是生活，刻意感覺當下的此刻，如實接納狀態並且回應，一吸一吐的深呼吸。讓感受回到身體，這就是愛自己的第一步了。

「哭是可以的，也是健康的。但別當受害者，別可憐自己。你要長大嗎？你怎麼應對呢？允許悲傷，但決定不讓對方決定你的情緒，你很不容易。與悲傷相處，並謝謝自己的勇敢。」

二〇一九年幾個風暴襲擊，把我所有的努力打回原形，事件召喚了內在痛苦之身作亂，自責、怨懟、煩悶、焦躁纏繞而生，我陷入極端的低潮。我甚至求助身心科醫師開藥，好讓我得以順遂工作。那年，我被恐慌症纏身，有一次過度換氣發作，還緊急送醫急救。

但極致的痛苦也會帶來祝福，讓人開了天眼，看見一絲慈愛光芒灑落。

我告訴自己，這一次，我要靠自己的力量站起來。我不要當受害者，我要長大，我要為自己的生命，負起完全的責任。

我直視這些情緒，明白這是過去經驗殘留，引發痛苦之身甦醒，敲響大腦的警鐘，我得直視它的蠢蠢欲動，立馬辨別當下與過去，而且能做出選擇。我長大了，可以選擇、選擇接納、選擇陪伴，選擇不以任何負面思考餵養。接納自己的眼淚及脆弱，就會有站起來的力量。

「生命著實不容易，每一個瞬間都能選擇，都能進入當下體驗，則有更多自由的對應。」

有一天，我坐在社區圖書館的落地窗前，耳裡僅有靜默中偶現的翻書聲，以及冷氣微微嗡嗡作響。我專注看著窗外，一大片綠草茵茵，綠繡眼鳥兒從電線飛到樹梢，陽光從葉片空隙灑落一地方格，白頭老先生騎著破舊的腳踏車，後車座掛著一

把青蔥，從草地旁的窄小水泥地上，搖晃而過……

那一刻，我忽然有個頓悟，從內在生起來。「啊！這世界沒有事，所有的事只發生在我的腦袋裡。有事的，是腦袋裡的聲音。」

那聲音不是我，我是聽到這個聲音背景裡，最深刻的意識存有。那一刻，我有一種深刻又無理由的幸福感，輕飄飄地看著眼前的一切。

所有的關鍵，原來都在自己的內心。內在穩定平和了，這世界就雲淡風輕。

「感覺自己的身體與情緒，有了衝擊，就是學習的所在。高低起伏必然，能安頓就行。」

每天一千次的自我覺察，我時時刻刻都靜心，允許及接納所有生命中的本然，善待每一抹情緒感受於內在遊走。觀望著它們，卻不被控制。

這是世界，而我是自由的。

我時常感受到內在能量，在身體裡自然流動，與神連結、與樹連結、與人連結，感到無理由的幸福感，那樣的平靜而自在。偶爾也會遭遇亂流，但不至於捲入深淵，有能力分辨過去與現在，然後觀望著，等待亂流平息。這樣的狀態，我也深刻感受，這世界處處皆善意。當我能自處，不再與世界疏離，也就能真心地關懷別人。所以我想，應該可以分享自我覺察，以及實踐師生對話了。

「陪自己長大，關鍵字是陪伴，也是長大。這些課題，世界給我們太少了，一路摸索的過程，就會艱辛。」

認真檢視這幾年，自己的學習歷程，竟是這麼不容易。我一路走到現在，也從來沒有放棄。不間斷地刻意練習，慢慢地我發現，內在開出一朵幸福的花兒了。

本文引號裡的粗體字，是我這幾年遭逢挫折或是身處低潮時，寫信給崇建，他給我的句子。我看著、讀著，總得到很多力量。

本文分享者：胡中中，高雄中學教官、學思達核心老師，分享主持力、自我覺察及師生對話
電子信箱：huchungchung@gmail.com

從自我覺察、成長，到成立基金會推廣

許多人常問我，為什麼學習薩提爾模式。

這得回到二〇一一年，我生命中悲喜交加的一年。

當時我已客居美國十一年，女兒進入常春藤大學。那是夢寐以求的學校，周圍恭賀聲音絡繹不絕。我們一家如置身雲端，幸運之神居然降臨了。其實更讓我雀躍的是我要搬回台灣了，我心心念念這一刻，想著如何親炙湯藥，好好陪母親一段。

就在我訂好了機票，打理越洋搬家的事宜，一切準備妥當之際，時序剛過了清明節，我接到妹妹的電話，告知母親住院的消息。

我在美國這十多年，媽媽進出醫院數十次，都是台灣的姊妹輪流照顧。我對姊妹甚感虧負，身為人子未能盡孝，更是深深咎責。

我告訴妹妹：「不好意思，又要麻煩你們了。很快，我五月就回去了。」

想不到妹妹說：「三姊，你可能現在就要回來，這次媽媽的情況不太一樣……」

十四小時的飛機，母親始終都堅強，忍著讓我見她最後一面。這讓我在日後無數崩潰中，得到了一絲慰藉。

母親過世之後，我仍照原定計畫，搬回台灣居住。我找到一間房子，可以眺望觀音山，彷彿每天和母親遠眺。每日早上送完孩子上學，我獨自看著觀音山，一陣陣哀傷不斷襲來。

但與此同時，我能感覺自己的胸口，有一種麻木感，從一個點擴散開來，慢慢變成一大片空洞。我撫摸著日漸擴大的空洞，我不知道這個空洞是不是叫遺憾，但是自此生活的悲歡喜樂，好像都隔了一層紗。

所有的感覺逐漸鈍化，包括快樂也朦朧起來，這是我對自己身心警覺的開始。

我生長在破碎家庭，全憑母親堅毅支撐。家庭功能長期失調，我身為一個倖存者，學會如何迅速封存感受，我很快開始忙碌起來。只有置身忙碌之中，我才會忘記悲傷。

我依照原有的計畫，打點台灣的新生活，包括成立課後才藝中心，幫美國回來的兒子接軌學習。

但是課後班老師反映，孩子缺乏學習熱情，老師用盡所有的方法，都無法激起孩子的學習熱情。孩子不是學不會，而是根本不想學。

當一個人不想學習，根本無法教他任何東西。我環顧台灣的教育現場，發現許多教學方式都還維持幾十年前的方法和思維，許多課後班仍採用填鴨式教育。我深信一定有好方法，在大學同學的介紹下，我認識了李崇建老師和薩提爾模式。

我帶著解決問題的目標，才接觸和研究薩提爾。我的目光專注在向外尋求問題的解答，忽略覺察自身內在的狀態，加上封印已久的感受，使我和自己連結不易，學習初期進展緩慢。

但讓我能堅持下去的是，在一次又一次，挖掘自己的冰山練習，我慢慢接觸到自己的感受。許多不想被看到的，躲藏在塵封角落的感受，我慢慢願意看到了，感覺被一一接續起來。存在胸口的麻木感，也漸漸退去。

我以為已經從童年的地獄走出來，卻發現自己只是學會更高明的壓抑。我是創傷反應中，典型「逃」的反應，我不斷地忙碌工作，追求更高的成就，投身公益活動，組織海內外高中、大學生，到台灣偏鄉教英文，每年在自己的教育機構，帶孩子一起做公益活動，捐款給弱勢團體，不斷地鞭策自己成為一個更好的人，其實是一種左腦的解離，深藏在我心底的印痕：就是我永遠都不夠好。

這一路的學習過程，我經過好幾年變化。

從薩提爾模式及對話出發，陸續接觸不同的學習，從內在覺醒靜心覺察、創傷療癒、量子物理，以及吸引力法則，我的內在出現很大的改變，不再用外在的標準去衡量自己的價值，鬆綁自己對世界不合理的期待。當我有了失落，能覺察與接納失落。看清自己的選擇，也不再為別人的期待負責。

我真實感覺到自己的內在信念，正被逐步清理和重新建立。

當我有了這樣的認識，我重新調整了方向，結束台灣及美國的才藝中心，有了勇氣再次告別媽媽，帶著兒子回到美國念書。

我想要終結這樣的痛苦，停止這樣的輪迴，因此成立舞象基金會。在自己可以安身定錨時，匯聚更多平穩恆常的力量，光照和我一樣尋找內心光亮的同伴。

這一切轉變的源頭，是媽媽給我的禮物。

母親逝世這些年，讓我對生命有完全不同的了悟。我學會將焦點往內觀照，懂得

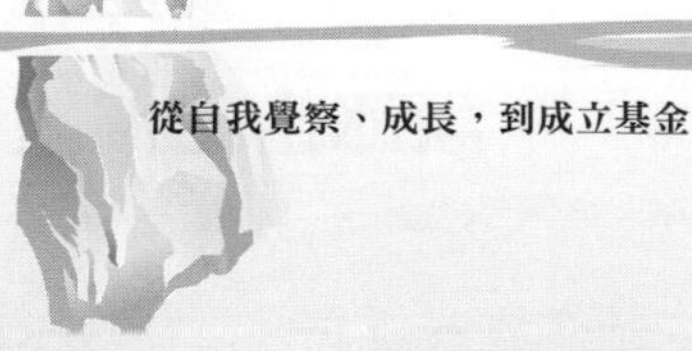

真正開始愛自己，接納所有生命的本然，重新凝視生命的斷裂處，轉身給過去匱乏的自己，真實的愛與擁抱，與自己的靈魂深邃相逢，瞥見沒有匱乏的喜悅和平安。

本文分享者：黃千薰，目前定居洛杉磯，舞象基金會創辦人
電子信箱：dancingwiththelephant@gmail.com

在日常的練習裡，漸漸成長

我學習覺察與對話，將近四年的時間。我發覺最難的功課，就是專注和自己在一起。有時只有幾秒、十幾秒的專注，就會有打岔的念頭，但是我有了覺察。

因為病毒疫情，我們一家三口足不出戶，已經超過一個月了。可能這樣的日子，還需要繼續半個月。這是一段非同尋常的經歷，一家人，這麼多個日夜連續在一起，每天活動的空間，就是百來平方米。

和諧相處真是莫大的挑戰，真的很不容易，卻也是非常珍貴。

孩子正值青春期，過去不恰當的教養方式，造成了負面經驗，會被不良的應對挑起，我們的舊慣性也還在。

雖然衝突仍會出現，但已經和過去不一樣，大大的不一樣了。

從寒假至今，先生帶著孩子，一起閱讀與寫作，每天將近兩個小時。真的太出乎意料，尤其兒子初二年齡，竟然願意這麼靠近爸爸。這些日子以來，孩子在爸爸的陪伴下，開始了靜心冥想。雖然每次只有十多分鐘，也已經讓我們歡喜不已。

其實，我還不太懂得和孩子好奇，不太會和孩子深刻的對話。不過，我現在比較敢於冒險了。

孩子曾經非常抗拒我們和他提及感受。之前有一段時間，我和孩子說話都小心翼翼。深怕自己說不好，反而讓孩子更反感，我都不敢輕易開口。後來，我覺察到自己有一個執念：和孩子對話必須是好的對話。但，那不就是不允許自己做不好嗎？一旦允許自己做不好，我又有勇氣和孩子對話了。有時候只有三四句或者四五句。

我注意到老師的對話，印象非常深刻。示範表達的時候，有時候非常地簡短。懂得及時結束，太重要了。

以前，我和老公、孩子表達愛和感謝，剛開始時挺好，對方也能接收到愛。可是我不懂得適時結束，還繼續說下去。說的過程中，會因為他們的回應，說多了，他們會不耐煩，我的情緒會被挑起來。我自身的覺察、自我回應的內功未練成，往往有好的開頭，卻沒有好的結尾。

讓孩子感受到愛和接納，就是自己內在先做功課。

我發現所有的問題，根源都在自己。有時遇到了挫折，發生衝突，撞了牆、摔了跤，在孩子那裡受挫，我和先生會默默來到臥室，看看彼此的生氣、失落、沮喪，以及難過的臉，相互感慨：「先接納這些。唉，真的好難啊！」

最終，我們又給彼此打氣，看到自己的努力，接納自己做不好，接納孩子的狀態。

二〇一七年的上半年，有人在微信群裡，朗讀老師的書《對話的力量》。我還清晰地記得，書裡寫著：「克里希那穆提說，對話的時候，沒有耐性就是攻擊性。」這句話給我的衝擊，太大太大了。

我從那個時候，開始學習自我覺察，以及對話。每當我和先生，感受到家庭的和諧，看到彼此的改變，看到孩子的變化，我們經常感慨：「我們怎麼可以這麼幸運。」

本文分享者：潘淑賢，浙江金華「李崇建對話與自我覺察社團」帶領者
電子信箱：184128979@qq.com

愛的練習曲

我認真打造課程，還是有人不買單，古拉斯就是這樣的國二男孩。

古拉斯每週上學兩三天，多半在發呆和睡覺。

我與輔導老師家訪，古拉斯買了鋁箔包紅茶給我們兩位老師，那是他用吃飯錢買的。他住的房子非常小，只有一套桌椅，是學校的課桌椅。地板是兩兄弟和阿嬤、爸爸睡覺的地方。

心上的一拳

古拉斯國二下學期，全班在家政教室做古早味蛋餅、米布丁和鳳梨冰茶，現場有特別嘉賓。當我巡視到某組，古拉斯竟拿著菜刀對著馬耀，我大吃一驚，馬耀呆若木雞。同組同學一臉驚恐，不知如何是好。

我試圖靠近他，感覺自己在發抖，仍極力保持鎮定，請他放下菜刀。對峙了一會兒，可能有一分鐘。他放下菜刀，我身體才鬆了下來。

我讓古拉斯去樹下罰站，我和馬耀說話，再去跟古拉斯說話。

我不記得說了什麼，但沒有大聲斥責他，後來大家一起完成任務。

放學後，我在教室收拾，幾位同學慌張地說：「老師，你教室桌子的玻璃被打破了。」

我感到有些吃驚和害怕，回到辦公室坐下來，覺得自己筋疲力竭，身體有點發抖，應該是害怕吧。

隔天是週五，古拉斯照例不會到校。我跟學校、少年保護官，以及心理師告知此事。我心裡有許多擔心和不安，我期待有人告訴我，我該如何做，但是沒有人，我感受到無力和無助。這是在偏鄉教書多年，遇到這樣的孩子，出現這樣的狀況，我

常出現的感受。

我看到教室的玻璃桌面已碎裂，可見力道之大。我感受到他的憤怒，我猜他應很想打我。這讓我很恐懼，他累積的憤怒是針對我嗎？我的心裡有那一拳的力量。

週一結束第一節課，我走出教室，古拉斯迎面走來，身邊跟了一個婦女，我從未見過她。

古拉斯說：「媽媽。」

媽媽竟然出現了？他在學校發生事端，每一次寫行為自述表，他上面寫的聯絡人，都是媽媽的電話和名字，我會生氣對他大吼：「她不在。她不會來學校。」

這一天，他媽媽來了。

她剛好從桃園回來了，接到生教組長電話。媽媽要帶古拉斯去桃園住，要向學校請假三週。如果適應良好，就會辦理轉學。心理師和少保官都來了，解決監護權問題，以及協助桃園資源銜接。我和古拉斯簡單說話，他終於可以跟媽媽在一起，後來他一直留在桃園。

但是古拉斯打碎玻璃的那一拳，也重重地打在我的心上。我的內心一直很難受，疑惑自己做了什麼，讓古拉斯這樣對我。我陷入糾結、恐懼、不安，還有難過。我被這些情緒困住。

古拉斯的心理師說，是我陪伴了他。他在諮商會談中，透露出老師很了解他，老師知道他在想什麼，在沙遊治療中，顯示我和他的關係。但是，這些都無法安慰我。我感到很自責，我懷疑自己，是一個好老師嗎？

我時常會想起，他一年級的時候，有兩次在辦公室裡，面對著我的怒吼。只用深深的沉默，和空洞的眼神回應。

和孩子一起覺察與對話

古拉斯國二那一年，我開始因為學思達，認識薩提爾模式。我嘗試在生活中練習和學生對話，但是走得跌跌撞撞。有一次上羅志仲老師的課，我問他學生在課堂吵鬧，我感到非常困擾。

羅老師問我：「想得到什麼？」

我停了十秒鐘，我想得到平靜，不管發生什麼事，我都希望內在平靜。

古拉斯國二時，在國文課犯了錯，但是我無力回應，交由學務處處理。我感受到自己能平靜，是事情發生三天後。

我的停頓是三天，我才能平靜地和他談。因為我的平靜，我們坐在空教室談話，我能有比較多的好奇和核對。

那天，他說了很多話，他的冰山微微顯露。那一次的對話，我發現自己沒有指責，也沒有超理智的姿態，古拉斯和我靠近了一些。我發現我不一樣了。

然而，我的學習很緩慢。我對這樣的自己生氣，甚至感到自責。

開始學習薩提爾那年，我帶著同學使用情緒卡，每日在聯絡簿中記錄三種情緒。我開始情緒辨識時，發現自己情緒常常空白，去參加工作坊時，常為此感到困擾。

學習了兩年之後，我才知道自己很多打岔，那是小時候經驗造成。遇到事情，我通常是僵呆，身體僵硬、腦袋空白。我才知道我的覺察，必須從身體開始覺察。

我在輔導課帶學生，進行情緒辨識、深呼吸，聆聽與表達自己。以生活中困擾的例子，覺察自己並且學習表達。每個孩子來跟我練習，表達對父母的期待時，全班幾乎都落淚了，但是古拉斯沒有來練習，那是我的遺憾。我總以為他如果練習了，也許會不一樣，這是我的期待。

初學薩提爾模式的頭兩年，帶著學生刻意地練習，探索自己的冰山，陪伴孩子認識自己。過程中，我發現其實是在陪伴我自己，陪伴成長過程中受過很多傷的自己。我一點一點長出力量。

後來我終於明白了，古拉斯用很大的力氣想要跟媽媽在一起。他渴望媽媽的愛，而那時候的我讀不懂。當時的我沒有能力理解彼此的冰山，我們不自覺陷入表面的應對。在我的指責、他的打岔裡，彼此都受傷了，而且我傷得很重。

我覺得自己不是好老師，價值感因此降低很多，我的學習還在路上，這是需要體驗的生命學習。

關於擁抱的刻意練習

古拉斯離開一年多，我接了國一新生的班級。我很快地辨識出來，班上有兩個極度缺乏關愛的男孩：小天和小安。

因為這兩個特別的男孩，我決定偶爾抱抱他們。

既然決定如此，那就全班都來抱抱吧。根據我的過往經驗，如果大家都一樣，抗拒力道不會太大，我決定擁抱每一個孩子。

我在放學前第一次宣布，同學們哀鴻遍野。學生要跟我擁抱之前，需要跟我說說一整天，上課自己做得好與不好之處。所以我蒐集到，上數學課睡覺、玩魔術方塊、發呆、聊天十多人。他們在說的時候有些不好意思，我鼓勵他們下次試著減少，然後擁抱孩子們。

讓學生們知道做不好，還是可以被接納。

那天擁抱學生之後，我覺得感動，我可以擁抱令我生氣的學生。原來我在練習擁抱犯錯的孩子，我在練習接納會犯錯的自己。

刻意擁抱兩三次之後，我發現目標男孩小天，聽到要抱抱了，都開心地燦笑起來，甚至會握拳說「Yes」。

擁抱他很容易，因為他身高只有小學三年級，身形又瘦又小隻。至於目標男孩小安，第三次擁抱時，我感受到他回抱的手。我感受到少言孤單的他，有種渴望愛的渴望連結。雖然男孩一年級下學期轉學了，我仍維持擁抱活動，每一兩週會出現一次。

幾個女生很愛擁抱，會以熊抱來抱我，口中還會說：「愛你喔！愛你喔！」被她們訓練幾次，僵硬、少反應的我，也會跟她們說謝謝，謝謝她們的愛，或是告訴他們：「我也愛你！」

原來身為一個老師，愛的回應與練習，也是可以進步的。

有幾個男生不習慣，我便輕輕抱或拍拍肩膀，漸漸地，趁我不注意逃走的孩子，慢慢沒有了。

有次擁抱前的題目，是跟我說個祕密。有個男孩對我說，他喜歡班上某個女生。我很開心能被信任。

國一下學期的段考後，某天放學前的擁抱，我臨時想的題目是：「說說自己最喜歡的課」。過半的學生說喜歡我的公民課，他們的理由是「聽得懂」，而且學習很輕鬆，很快就下課了。我感覺自己很滿足，被學生肯定了。

班上的亞斯男孩，從來不來抱抱，我允許他講講話即可，也接納他說沒有、沒有感受、就一般般，或者聳聳肩。偶爾，他沒有急著走掉，靠近我身邊，我建議那就握握手。他會伸出三隻手指，但他只讓我握。這是互相的靠近，即使進步緩慢，即使彼此還是經常回嘴，彼此仍會生氣。

我已經學會看見了，我們彼此都渴望接納。

面對過往的傷痕，我在這些學習裡，找到如何愛自己，可以存活的力量。

彼此都有愛

後來的日子裡，有時忘記隔週擁抱。有的孩子會提醒：「老師今天要抱抱嗎？」

有一天放學之前，一個女孩問：「老師今天要抱抱嗎？」

我停頓了一下說：「喔！不要。這個禮拜，我有太多生氣……」

說完這些牢騷之後，我立刻覺察說得太快，我感到後悔。停留了十秒鐘之後，我才表示：「想抱的人來抱抱我，但要給我一句安慰的話。」

每天被我叨念的小天，立刻跑來抱我。幾個主動來抱我，對我說安慰話語，都是常被我念叨的孩子。

那一週被我記兩支警告，身高已經超過我的阿成，也走過來抱抱我。他對我說：「老師，對不起。這個禮拜做了許多讓你生氣的事。」

我也抱抱他：「啊！原來你可以明瞭。」我感到很意外，內心也很感動。我感受到阿成的渴望，是被接納與被愛，我也看見我自己，教導學生的挫折和焦慮。冰山底層的渴望，也是被接納與被愛。

在擁抱練習中，練習接納孩子所有，那是一種愛的表達。

我和孩子們，在愛與被愛中練習。

於是在此刻，我可以在心裡，深深擁抱那個時候的古拉斯。

於是在此刻，我可以深深擁抱，從小到大那個不斷自責的錦慧。

本文分享者：賴錦慧，花蓮縣立新城國中公民老師、學思達講師
電子信箱：lisinlai@gmail.com

成為自己

我是誰？我是怎樣的靈魂？我的存在是獨一無二嗎？
我擁有詩情畫意的名字，但我是否真如一首詩？是否是美好的人？
這些問題，在學了薩提爾之後，開始敲擊我的內心。

渴望被看見的心

二〇一八年，我在教育局當專案教師，為柯華葳老師帶領的「愛的向日葵教育志工團」服務，辦理薩提爾研習課程，邀請講師分享薩提爾模式。

講師在台前分享感受，講解如何感受情緒，當時我被邀請上台。

講師讓我們覺察，我覺察內心有難過。講師當眾示範，請覺察情緒、分辨情緒的我，說出：「我感覺到難過。」

沒想到，我一說完這句話，瞬間在眾人面前淚崩。一向愛面子的我，竟然當眾掩面哭泣，怎麼會這樣？原來我的情緒一直藏在心的底層，我渴望被自己看見。

講師是個敏銳的人，那一天中午，我招呼講師吃飯，即使講師已經表達，他已經足夠了，我仍盡可能招呼他，希望他感到舒適。他看著我，跟我說：「詩君，你的姿態比較接近討好，這樣會很辛苦，多照顧自己一點。」

我的眼淚幾乎又要落下。

回顧我的生命，大部分都在滿足他人需求，藉此證明自己，我是有價值的，我是值得被愛的。

還記得二〇一五年，我收到一份大禮。醫生對我說：「你確定是第一期肺腺癌，建議你馬上開刀。」

當時，我剛接五年級新班，若馬上開刀，加上休養，我就不能陪伴學生兩年。還

記得當晚我與先生深談，我帶著堅定的口吻說：「我寧可死，也要把學生帶完再開刀。」

不知哪裡來的勇氣與執著，我把學生擺在我的生命之前，我也真的等到兩年之後，學生畢業了才開刀。

我總是聽見學生，看見學生，卻常常忘了自己。

我，在哪裡？是否因為如此，我的心總是想哭泣？我從未好好傾聽自己。如果我不是一位老師，我還有價值嗎？**我可以只是活著，不必特別做什麼，就有價值嗎？**

我願意愛這樣的自己嗎？這些內在的聲音，都是在遇見薩提爾之後，我才開始聽見。

見光的童年創傷

辦完研習課程幾個月之後，我參加薩提爾工作坊。

我記得第二天的課程，五個夥伴分享創傷經驗。一整天的時間，我聽著他們的故事，不能控制地跟著流淚。他們的經驗，我全部都有。

我忽然憶起那些可怕的回憶，冰山徹底浮出水面。

李崇建談冰山之渴望

我曾被父母用各種工具抽打，也看見弟弟被皮帶鞭打；我當著全班的面，被老師用書本甩耳光；每天上學的公車上，我經常被性騷擾，甚至裙子沾滿白色精液……記憶像海嘯一般，不斷席捲而來，我在浪中翻滾、被淹沒，近乎窒息。若不是夥伴們提起，那些可怕的經驗，我一點都不記得了。

原來我擁有出色的防衛機制。過去，我不斷刻意提及生命中美好的經驗，刻意去遺忘讓我痛苦的，那些不堪回首的回憶，但是《心靈的傷，身體會記住》這本書提及，這些可怕的經驗留在我的身體，從來也不曾真正遠離，不是刻意忽略就不見了。也許肺腺癌幫我惡狠狠地記住了，也許那是我心中常感悲傷的源頭。

我曾是個破碎的洋娃娃，一歲多就跌斷髖關節，三歲走路還搖搖晃晃，七歲經歷盲腸炎開刀。

除了身體上的疼痛，內心也不好受。自從我出生後，父親就外遇不斷。父母常常吵架，我總在他們的吵架聲中醒來，擔心自己就要沒有家了。我經常半夜被嚇醒，又哭著睡著。我常常夢見觀音陪著我。

父母終究還是離異了，當時我小學四年級，母親帶著我與妹妹，如斷線風箏飄蕩流浪。媽媽曾經說：「都是因為你長得不可愛，嘴巴不夠甜，所以爸爸不要我

們。」

「我不可愛」這句話，我從來沒有忘記，每天像錄音機，不斷在我腦海中播放。

還記得第一次辦完研習，開車送講師到車站，講師臨別對我說了一句：「詩君，你真是個可愛的人。」講師離開後，我在車上哭了半小時。我覺得他會通靈，解開媽媽給我下的魔咒。

我不斷地告訴自己：「我是可愛的人。」

先生也常說我是可愛的人，但如果這句話是從媽媽口中說出，會不會更好？但是我已經長大了，我可以看見自己，可以肯定自己。

父母離婚之後，我很怕別人知道。我假裝父親還在家，假裝父母感情很好。我每天如常「快樂」生活，戴著一張微笑面具，把內心的痛苦藏起來了。我用溫柔的微笑，去面對這個世界，假裝一切都好，跟真實的自己分離。

我的生命始終在逃避，逃避一個很深的失落，那是父親離家引起的失落。我不想再去回憶，不想再去感受。曾被父親遺棄的經驗，讓我覺得無力，覺得沒有價值，覺得自己糟糕。我看不見自己的可愛。

我不想去觸碰，我一直讓她留在那裡。十歲的心中傷痕，被埋在心的最深處，像硬殼般層層包裹。薩提爾的自我探索，讓我的心發了一個小芽。

活出真實的自己

學習薩提爾之後，我無法再忽視童年的傷，我需要去看見，也學著去接受：十歲的失落是我的一部分。

剛開始探索時，只要稍微觸碰到那個傷，很容易就變成被害者，陷入過去的失落、痛苦。之後，我學會單純感受情緒，一有情緒就停頓，辨識並且接觸感受，接納當下的狀態，專注在身體，體驗情緒狀態，不進入情緒的事件。

但我的頭腦有慣性，總在不知不覺中，進入與情緒有關的事件。

我再度參加工作坊，跟老師訴說我的困難。我還記得老師說明體驗，說明如何專注在當下。運用指尖，觸碰手臂，請我練習百分百的專注；去感受當下的感受，我可以有所感覺。他說這是一種練習，把自己帶回當下。

我開始往內在探索，觸碰更真實的自己，回到純粹的身體與情緒體驗。每一次的觸碰，都是一個很深的痛，但我漸漸不再逃離，只是承認與接納，那些我曾厭惡的

情緒。我曾討厭自己生氣、嫉妒、脆弱與無力，現在的我能專注體驗，也能夠接納了，能全然與之同在。我知道這都是我。

我真實的擁抱，每個受傷的自己，不論是十歲、二十歲，或三十歲的自己。過去的我沒有好好待自己，總是要求自己完美，常常批判自己、責罵自己，把別人看得比自己重要，如今我改變了，好好地跟自己對不起，好好地愛自己。

回頭陪伴過去的自己，我是自己的觀音。我守護我自己。

童年的陰影，漸漸成為我的養分。我的神經特別敏銳，也比一般人情感豐沛，可以感受各種悲傷，也能體驗大千世界，甚至可以深刻感受他者。這對於我的陪伴工作，是一個很好的資源。

當我愈活在當下，保持對自己深刻覺察，愈能接納自己的狀態，感到自己是自由的。現在看著鏡中的自己，我常感受滿足的喜悅，以及無需要理由的幸福感。我會好好愛自己。

我是個可愛的人，我的生命像一首詩，我是詩君，一個如詩般美好的人。

本文分享者：黃詩君，創意寫作教育工作者與身心靈助人工作者

電子信箱：hcc8648@yahoo.com.tw

繪者感言——

從文字裡的故事，到圖畫裡的心事

文◎王又翎（本書繪者）

美國心理學教授艾莉森．高普尼克（Alison Gopnik）曾說：「人類嬰兒的計算系統本質上是一個網絡，由語言編織，由愛維繫。」孩子在與人互動的過程中若被看見、被聽見、被積極地回應，這個網絡就會健康強韌，孩子也會自覺是被愛的、被接納的、有能力的。此書中的諸多對話和互動所呈現出的，正是這種健康強韌的網絡圖像——語言與愛交織，溫暖又充滿能量。

在繪圖時，我嘗試把這種圖像中抽象的概念（如「生命能量的流動」、「渴望的連結」等），用具象化的線條和形狀表現出來。有時我選擇使用符號和隱喻，有時我嘗試還原自己的感受和經歷，也有時我索性放空自己、由筆尖遊走隨心。

創作的過程經常勾起回憶。在過去的一年裡，我在學校擔任二年級英文老師。學生裡有幾個明顯缺乏關愛的孩子，敏感易怒，幾乎每一天都會在教室上演全武行。與他們對話實屬不易，我從一開始的耐心，逐漸轉變為無力，甚至感到厭煩，最後又覺得內疚。我見過這些孩子柔軟的一面，知道他們的冰山下層有許多渴望關注和連結的地方，但他們冰山上層的景象常常讓我感到無力靠近。

讀著崇建老師的文字，我的內心受到觸動。我不禁在想，或許我過去一年裡所感受到的痛苦大多不是源於孩子們的行為，而是我內心對自己無能的憤怒和不接納。我沒能照顧好他們是因為我沒有先安定好自己。

曾經，我以為薩提爾的對話本質上是一種工具，像一把開鎖的鑰匙、一把斬斷亂麻的刀，只要學會使用它，就能解決生命中一些棘手卻無法迴避的問題。但在深讀此書時，我發現崇建老師沒有過多著墨於技巧性的思考與理解，而是透過一個個故事，真誠地向作為讀者的我呼喊：「打開體驗的能力，連結深刻的自我吧！」於我而言，他的文字帶來的不是自上而下的醍醐灌頂，而是由內而外升起的能量。他無意教導我如何修剪枝椏，而是希望提供養分，助我接納自己、自由

李崇建談冰山之渴望

幸福的奧義

生長。

感謝崇建老師邀請我參與這套書的圖畫創作，感恩寶瓶編輯給予我充分的耐心與自由去繪圖。這是一段愉快的旅程，一次有意義的體驗。第一次嘗試繪製插圖能遇到這樣優秀的作品和溫暖的團隊，我感到無比的喜悅、感恩和滿足。

國家圖書館預行編目資料

李崇建談冰山之渴望 ： 幸福的奧義/李崇建著.
-- 初版. -- 臺北市 ： 寶瓶文化事業股份有限
公司, 2021.11
　面 ；　公分. -- (Vision ； 218)
ISBN 978-986-406-260-7(平裝)
1.自我實現 2.生活指導
177.2　　　　　　　　　　　110016501

Vision 218

李崇建談冰山之渴望——幸福的奧義

作者／李崇建

發行人／張寶琴
社長兼總編輯／朱亞君
副總編輯／張純玲
資深編輯／丁慧瑋
編輯／林婕伃
美術主編／林慧雯
校對／張純玲　林婕伃・劉素芬・陳佩伶・李崇建
營銷部主任／林歆婕　業務專員／林裕翔　企劃專員／李祉萱
財務／莊玉萍
出版者／寶瓶文化事業股份有限公司
地址／台北市110信義區基隆路一段180號8樓
電話／(02) 27494988　傳真／(02) 27495072
郵政劃撥／19446403　寶瓶文化事業股份有限公司
印刷廠／世和印製企業有限公司
總經銷／大和書報圖書股份有限公司　電話／(02) 89902588
地址／新北市新莊區五工五路2號　傳真／(02) 22997900
E-mail／aquarius@udngroup.com

法律顧問／理律法律事務所陳長文律師、蔣大中律師
如有破損或裝訂錯誤，請寄回本公司更換
著作完成日期／二〇二一年七月
初版一刷日期／二〇二一年十一月十一日
初版六刷日期／二〇二三年十一月三十日
ISBN／978-986-406-260-7
定價／六二〇元

愛書人卡

感謝您熱心的為我們填寫，
對您的意見，我們會認真的加以參考，
希望寶瓶文化推出的每一本書，都能得到您的肯定與永遠的支持。

系列：Vision218　書名：李崇建談冰山之渴望——幸福的奧義

1. 姓名：__________　性別：□男　□女

2. 生日：____年____月____日

3. 教育程度：□大學以上　□大學　□專科　□高中、高職　□高中職以下

4. 職業：__________

5. 聯絡地址：__________

聯絡電話：__________　手機：__________

6. E-mail信箱：__________

□同意　□不同意　免費獲得寶瓶文化叢書訊息

7. 購買日期：____年____月____日

8. 您得知本書的管道：□報紙／雜誌　□電視／電台　□親友介紹　□逛書店　□網路　□傳單／海報　□廣告　□其他

9. 您在哪裡買到本書：□書店，店名__________　□劃撥　□現場活動　□贈書　□網路購書，網站名稱：__________　□其他__________

10. 對本書的建議：（請填代號　1. 滿意　2. 尚可　3. 再改進，請提供意見）

內容：__________

封面：__________

編排：__________

其他：__________

綜合意見：__________

11. 希望我們未來出版哪一類的書籍：__________

讓文字與書寫的聲音大鳴大放

寶瓶文化事業股份有限公司

（請沿此虛線剪下）

廣　告　回　函
北區郵政管理局登記
證北台字15345號
免貼郵票

寶瓶文化事業股份有限公司　收

110台北市信義區基隆路一段180號8樓

8F,180 KEELUNG RD.,SEC.1,

TAIPEI.(110)TAIWAN R.O.C.

（請沿虛線對折後寄回，或傳真至02-27495072。謝謝）